JAVIER MILEI
O FIM DA INFLAÇÃO

PROPOSTAS ANARCOCAPITALISTAS
PARA RESGATAR A ECONOMIA
DE UMA NAÇÃO EM CRISE

JAVIER MILEI

O FIM DA INFLAÇÃO

PROPOSTAS ANARCOCAPITALISTAS PARA RESGATAR A ECONOMIA DE UMA NAÇÃO EM CRISE

São Paulo | 2024

Título original: *El fin de la inflación*
Copyright © Grupo Editorial Planeta S.A.I.C.
Copyright© da edição brasileira 2024 – LVM Editora

Os direitos desta edição pertencem à LVM Editora, sediada na
Rua Leopoldo Couto de Magalhães Júnior, 1098, Cj. 46 - Itaim Bibi
04.542-001 • São Paulo, SP, Brasil
Telefax: 55 (11) 3704-3782
contato@lvmeditora.com.br

Gerente Editorial | Chiara Ciodarot
Editor-chefe | Pedro Henrique Alves
Editora assistente | Georgia Kallenbach
Tradução | Patrícia Albarez
Revisão | Adriano Barros
Preparação de texto | Marcio Scansani
Capa | Mariangela Ghizellini
Diagramação | Décio Lopes

Impresso no Brasil, 2024

Dados Internacionais de Catalogação na Publicação (CIP)
Angélica Ilacqua CRB-8/7057

M588f Milei, Javier Gerardo, 1970-

O fim da inflação: propostas anarcocapitalistas para resgatar a economia de uma nação em crise/ Javier Milei; tradução de Patrícia Albarez. – São Paulo: LVM Editora, 2024
136 p.

ISBN 978-65-5052-140-0
Título original: *El fin de la inflacíon*

1. Inflação – Argentina 2. Argentina – Política e governo 3. Argentina – Condições econômicas 4. Banco Central da República Argentina I. Título II. Albarez, Patrícia

23-6872   CDD 332.410982

Índices para catálogo sistemático:
1. Inflação – Argentina

Reservados todos os direitos desta obra.

Proibida a reprodução integral desta edição por qualquer meio ou forma, seja eletrônica ou mecânica, fotocópia, gravação ou qualquer outro meio sem a permissão expressa do editor. A reprodução parcial é permitida, desde que citada a fonte.

Esta editora se empenhou em contatar os responsáveis pelos direitos autorais de todas as imagens e de outros materiais utilizados neste livro. Se porventura for constatada a omissão involuntária na identificação de algum deles, dispomo-nos a efetuar, futuramente, as devidas correções.

A todos os bons argentinos que
desejam deixar para trás o flagelo
e a fraude política da inflação.

SUMÁRIO

Prólogo | 9
por Manuel Adorni

>> PARTE 1 <<
Aspectos básicos da teoria monetária
Dinheiro, preços e taxa de câmbio | 13

Introdução | 15
Um pouco da história monetária argentina | 16
O desequilíbrio atual | 18
Política monetária, dinheiro, preços e dólar | 22
Propriedades do dinheiro | 25
A inflação e sua definição | 30
Um pouco da história do pensamento econômico | 33
A inflação como crime e a economia do ouro | 38
A impossibilidade de inflação na economia de troca | 39
A falácia da teoria não monetária da inflação | 40
Demanda e oferta de moeda, preços e âncora nominal | 45
Outras bobagens para explicar a inflação | 48

>> PARTE 2 <<

O Fim da Inflação | 53

Economia sem Banco Central | 55
por Alberto Benegas Lynch

Concorrência de moedas com o Banco Central | 61
por Domingo Felipe Cavallo

Três opções para um Banco Central independente | 65
por Federico Sturzenegger

Um sistema de estabilização integral | 69
por Diana Mondino

Sistema bancário Simons | 73
por Héctor Rubini

Concorrência de moedas e dolarização:
o fim da inflação | 79

>> PARTE 3 <<

Concorrência de moedas, dolarização e reformas estruturais para uma Argentina melhor | 105

Dolarização | 123

>> PRÓLOGO <<

por Manuel Adorni

A Argentina é este país onde discutimos cada tópico da pauta repetidamente, quase como um hábito inesgotável. Discutimos, analisamos e até ensaiamos explicações sobre as causas de cada um dos males. A Argentina é este país que consegue falar de sua grande opulência e de sua decadência com quase a mesma severidade. A Argentina é este lugar onde é difícil entender como algumas questões básicas desapareceram: liberdades, crescimento, riqueza e até mesmo dignidade. E, embora essa dificuldade de compreensão seja enorme, temos receitas deliciosas de fracassos que escolhemos vez após vez para tentar de novo, esperando, claro, resultados diferentes que nunca chegam.

Sem dúvida, *O Fim da Inflação* causa o que poucos textos conseguem: quando o leitor lê a última palavra, é imediatamente tomado por uma forte sensação de satisfação. O livro não apenas aborda questões de inegável relevância para o cotidiano de todo argentino, como o dólar, a inflação e a perda crônica do poder de compra; mas também insiste continuamente nas soluções que devemos adotar rumo a um país diferente, rumo à prosperidade que a Argentina já viveu.

A política e seus dirigentes se profissionalizaram na arte de explorar os contribuintes sob a bandeira da redistribuição de renda, igualdade, "oportunidades para todos" e um mundo supostamente mais justo. Isso culminou na mais absoluta decadência, explicada por Javier Milei em cada uma das três palestras redigidas das próximas páginas. Aqui o leitor encontrará inúmeras soluções para nossos eternos problemas econômicos, constantemente reiteradas para respeitar as palavras de Ludwig von Mises (1881-1973): "Enquanto eles continuarem repetindo as mesmas mentiras, nós continuaremos respondendo com as mesmas verdades".

Deve haver poucos (ou talvez nenhum) exemplos de países em todo o mundo que tenham passado pela quebra generalizada que o nosso sofreu. Normalmente, a análise se concentra no plano econômico, o que permite maior facilidade e clareza para visualizar e comparar. Mas a Argentina também se destacou pelo colapso em outras áreas em que antes éramos invejados do outro lado do planeta: nível cultural, excelência educacional, desenvolvimento humano e várias questões adjacentes que faziam desta uma nação de primeiro mundo.

Diante da bagunça que fizemos (acredito que em algum momento todos nós colaboramos de uma forma ou de outra, em maior ou menor grau, com ou sem conhecimento disso), os resultados são bastante evidentes. Somente no atual período democrático, que começou no final de 1983, empobrecemos a Argentina a tal ponto que levamos a questão a extremos impensáveis: multiplicamos por cinco o nível de pobreza que tínhamos no início de nossa democracia. Por incrível que pareça, um país que, há um século, poderia ser considerado o futuro do mundo, empobreceu exponencialmente em menos de quatro décadas.

Corrupção, demagogia e muito populismo conseguiram instalar no pensamento generalizado que a solução definitiva para isso é o Estado. Sim, neste país, grande parte da sociedade se convenceu de que a solução, longe das mãos do trabalho árduo, do investimento e das oportunidades que a globalização nos proporcionou, está nas mãos de um elefante chamado Estado, administrado por governos que o transformaram em um animal guloso e doente.

Devido a esses vícios, quanto maior a pobreza, mais as pessoas clamavam por mais Estado, o que, por si só, implica menos presença do setor privado. Mas, independentemente de qualquer tipo de lógica, à medida que a pobreza crescia em um ritmo às vezes mais rápido e às vezes mais lento, também crescia o assistencialismo, que (considerando apenas o período em questão) se multiplicou no mínimo trinta vezes. No entanto, estamos longe de encontrar uma solução para o empobrecimento crônico; pelo contrário, ao aumento da pobreza acrescentamos a marginalidade e a miséria, condimentos altamente perigosos.

Ao longo das décadas, a corporação política convenceu grande parte da população da bondade do Estado, sem entender os custos que isso acarreta: além dos óbvios (que tentarei descrever da forma mais sucinta possível), conseguiram tornar as demandas sociais cada vez mais delirantes. No início da década de 1980, a sociedade exigia trabalho para garantir os princípios básicos da dignidade humana: ter um lugar para morar e algo para comer. Uma década depois, pedia para se juntar às fileiras do Estado em empregos que, embora mal remunerados, eram suficientemente estáveis e nada rigorosos. Nos anos 2000, a exigência deixou de ser trabalho ou algum benefício adicional do Estado empregador, e o plano social (ou a solicitação direta de dinheiro sem contrapartida) tornou-se a grande estrela da década. Em seguida, as reivindicações foram para o lado de mais dinheiro, terras, propriedades e até mesmo os campos dos "ricos e imorais proprietários de terras". Eles transformaram a Argentina no próprio nada, em um povo totalmente segregado, entre aqueles que ainda entendem que uma vaca sem ordenha não dá leite e aqueles que querem manter a vaca sem saber muito bem o que fazer com ela. Talvez matem e comam essa vaca, para que amanhã não lhes reste nada.

Essa é a descrição do país que precisamos mudar. Este trabalho (do qual tenho a honra de participar, pelo menos por meio destas linhas) pretende contribuir para esse propósito, não mais a partir de uma perspectiva de crítica abundante, mas por meio de propostas concretas, entendendo que a Argentina tem um destino muito mais sombrio do que o descrito, mais sombrio do que o que vivemos todos os dias e ainda mais sombrio do que aquele que um dia pensamos ser possível.

Há algum tempo, venho tentando escapar dos livros que estão sendo publicados desenfreadamente sobre essas questões; já existe oferta abundante de literatura econômica. Minha atitude não se justifica pela falta de tempo para ler. Muito menos por falta de vontade de adquirir novos conhecimentos ou por falta de interesse em conhecer novos pontos de vista sobre determinados temas. O que acontece é que há vários assuntos sobre os quais as evidências empíricas já deram seu veredito, e muitas vezes as diferentes obras encontradas nas livrarias não conseguem inovar o suficiente.

Além do meu respeito intelectual por Javier Milei, minha admiração por ele e amizade eterna, a realidade aqui é objetiva: este compêndio de conceitos, propostas e revisionismo econômico conseguiu desfazer meu ceticismo e minha negação em relação à leitura desse tipo de obra.

Gostaria de aproveitar esta oportunidade para agradecer não apenas a Javier Milei por sua incansável luta para pôr fim ao discurso que promove a decadência absoluta, mas também a todos que participaram de seus seminários acadêmicos com entusiasmo e admiração, pois são uma contribuição inestimável para que a Argentina possa finalmente mudar o triste rumo que tanto tem nos prejudicado.

A Argentina, um lugar cheio de potencial, cruza com este trabalho para tentar abrir o caminho rumo a um futuro em que não nos permitamos mais repetir o passado e possamos transformar este presente de escassez em um amanhã de bom senso.

Obrigado por me permitir fazer parte disso.

>> PARTE 1 <<

Aspectos básicos da teoria monetária

Dinheiro, preços e taxas de câmbio

Conferência reservada, fevereiro de 2023

3. ORO, INFLACIÓN & LA INSTITUCIÓN DE LA ESTAF[A]

→ LA ECONOMÍA DEL ORO
  → ORO: FALSIFICACIÓN & ESTAF[A]
  → ESPAÑA / AMÉRICA / INFLA es
    ESC. SALAMANCA / T. CUANTITA[TIVA]
  → CURSO FORZOSO: GÉNESIS ↓ 4

4. FUNCIONES DEL DINERO
  → RESERVA DE VALOR
  → UNIDAD DE CUENTA
  → MEDIO DE PAGO GENERAL[IZADO]
  → CURSO FORZOSO ←

5. DINERO & INFLACIÓN
  → LA DEMANDA DE DINER[O]

$$L(y,\ i = r + \pi)$$

$\underbrace{+}_{TRANSAC}$ $\underbrace{-}_{EN\ TER[ES]}$

→ EQUILIBRIO MONETA[RIO]

$$m^* = \frac{MS}{P} = L(y, i)$$

>> INTRODUÇÃO <<

Nas páginas a seguir falaremos sobre o que mais importa hoje para os argentinos: dinheiro, preços e dólar. A tese central que desenvolverei nesta primeira parte é que o dólar não tem nada de atípico, raro ou estranho, está completamente enquadrado na análise econômica do dinheiro e o que vivemos é basicamente um problema de natureza monetária.

Neste contexto, minha tese central alinha-se com Milton Friedman (1912-2006), para quem a inflação é sempre e em todo lugar um fenômeno monetário[1] causada pelo excesso de oferta de moeda. De acordo com essa linha de pensamento, isso pode

---

[1]. "A política do Federal Reserve continuou subordinada à política do Tesouro após a eclosão da Segunda Guerra Mundial na Europa em 1939 e mais ainda após a entrada dos Estados Unidos na guerra em 1941. O sistema do Federal Reserve, tal como na Primeira Guerra Mundial, praticamente tornou-se o agente do Tesouro em suas operações financeiras. Ele estabeleceu um padrão fixo de taxas de juros sobre títulos públicos e permitiu que o estoque de moeda se tornasse uma consequência indireta das atividades de tributação e dos gastos do governo e dos recursos reais que a comunidade estava disposta a usar para comprar títulos públicos a essas taxas fixas. O resultado foi que, entre 1939 e 1945, a oferta monetária se multiplicou por 2½.

A oferta monetária cresceu em um ritmo muito mais lento nos primeiros anos do pós-guerra, mas os índices de preços subiram rapidamente. Esse resultado foi visto como uma reação tardia aos grandes aumentos da oferta de moeda durante a guerra. O sistema do Federal Reserve era incapaz de controlar a oferta monetária pelos meios usuais enquanto continuasse mantendo os preços dos títulos públicos em níveis fixos. Portanto, foi forçado a tentar outros métodos, nenhum dos quais se mostrou eficaz. Como consequência, surgiu uma controvérsia sobre o próprio programa de apoio a títulos públicos. Por fim, o rápido aumento dos preços após a eclosão da Guerra na Coreia evidenciou o efeito inibidor da política de apoio a títulos no controle da oferta monetária e levou ao acordo de 1951 entre o Tesouro e o Federal Reserve, que tornou a política de apoio menos rígida e, dois anos depois, culminou em seu abandono.

ocorrer porque a oferta aumenta ou porque a demanda diminui, ou porque os dois eventos acontecem ao mesmo tempo. Nesse cenário, gera-se uma perda do poder de compra da moeda. Isso significa que todos os preços expressos em unidades monetárias sobem, e o dólar é apenas mais um preço nessa economia. Não é que o dólar ou o restante dos preços na economia estejam subindo; o que está acontecendo de fato é que o peso está perdendo valor. O peso é como um pedaço de gelo no meio do deserto do Saara em plena luz do dia: ele derrete. E está derretendo porque muito dinheiro está sendo emitido e as pessoas não querem ter esse dinheiro: essa conjunção faz com que o poder de compra do peso caia e, assim, todos os preços sobem. Portanto, o fator fundamental que explica o que está acontecendo com o dólar tem a ver com os desequilíbrios monetários que a Argentina vem arrastando desde que instalou um Banco Central no país.

Um pouco da história monetária argentina

Lembremos que antes de haver um Banco Central no país, criado em 1935, a inflação era de 0,9% ao ano. Em outras palavras, durante muitos anos praticamente não tivemos inflação. Quando criamos o Banco Central da República Argentina (BCRA), que era misto – ou seja, metade era do setor privado e metade do setor público e, a propósito, foi criado como uma ferramenta transitória para durar quarenta anos, portanto deveria ter sido fechado em

---

Esses acontecimentos exclusivamente internos foram reforçados pela experiência no exterior. Muitos países adotaram políticas de 'dinheiro barato' no período pós-guerra. Todos esses países tiveram inflação aberta ou uma rede de controles parcialmente eficazes e parcialmente ineficazes criados para suprimir a pressão inflacionária. Nenhum país conseguiu controlar a inflação sem adotar medidas para conter o crescimento da oferta de moeda. O resultado desses eventos e das mudanças nas correntes de pensamento no meio acadêmico foi um renascimento do interesse em assuntos monetários e uma nova ênfase na política monetária" (FRIEDMAN, Milton e SCHWARTZ, Anna Jacobson. *A Monetary History of the United States, 1867-1960*. Nova Jersey: Princeton University Press, 1963).

1975, o que não aconteceu –, a taxa de inflação saltou para 6% ao ano. Em 1946, foi nacionalizado por um decreto do presidente Edelmiro Farrell (1887-1980) e, desde então, até 1º de abril de 1991, quando a Lei de Conversibilidade foi aprovada, a Argentina teve uma taxa de inflação média anual de 250%, destruiu cinco símbolos monetários (ou seis, estritamente falando, se considerarmos que as cédulas de peso atuais não contêm a frase *"convertibles de curso legal"* ["moeda de curso legal"] e duas hiperinflações sem guerras (ocorridas nos períodos dos presidentes Alfonsín [1927-2009] e Menem [1930-2021]).

Durante a conversibilidade, o país teve uma taxa de inflação média anual de 9%, mas toda ela se concentrou no primeiro ano e meio devido à correção dos preços relativos, vindos das distorções geradas durante as duas hiperinflações mencionadas acima. Nesse contexto, a partir de 1993, a Argentina se tornou o país com a inflação mais baixa do mundo. De fato, o país teve episódios de alto crescimento, por exemplo, em 1997, quando cresceu com deflação. E isso basicamente terminou em 2001 com a saída da conversibilidade e se manifestou em 2002 com o que é conhecido como a "crise da conversibilidade", provavelmente uma das piores da história econômica da Argentina.

Na saída do regime de conversibilidade, a Argentina tinha uma taxa de inflação de 41%, que depois caiu para 3,8%. Porém, mais tarde, a inflação começaria a acelerar novamente: primeiro 6,1%, depois subiu para 9% e depois 12%. A inflação média durante o primeiro governo Kirchner (2003-2007) foi próxima de 10%. No segundo governo Kirchner, com Cristina Kirchner como presidente, a taxa de inflação duplicou e disparou para níveis de 20% ao ano. No segundo mandato de Cristina Kirchner, ou terceiro período kirchnerista, a inflação seguiu para 30%. Mauricio Macri elevou-a para o nível dos 40%.

O desequilíbrio atual

Atualmente, no ano de 2022, atingimos um valor anual em torno de 100%. E o que é mais grave: a Argentina apresenta um desequilíbrio monetário monstruoso, tendo em vista que há muitos problemas tanto do lado da demanda quanto do lado da oferta. Se aderirmos ao postulado de que a inflação é sempre e em todo lugar um fenômeno monetário e ignorarmos por um momento o que é a demanda por moeda, então teríamos de verificar o que está acontecendo com a oferta. Como a política monetária tem uma defasagem de aproximadamente 18 a 24 meses, isso significa que temos um problema não apenas com a emissão monetária atual, mas também com a emissão monetária passada e futura. Por quê? Porque, se a política monetária tem uma defasagem de dois anos, é importante o que fazemos neste ano, mas também o que fizemos nos últimos dois anos. O atual governo, durante seus três primeiros anos de mandato, emitiu o equivalente a 16% do produto interno bruto (PIB), ou seja, pouco mais de cinco pontos percentuais do PIB por ano (um valor aproximado de 30 bilhões de dólares por ano).

Portanto, nosso primeiro problema tem a ver com a emissão monetária feita anteriormente. O outro problema é a emissão monetária atual, pois a Argentina tem um *déficit* fiscal, que é financiado com impressão de moeda. E também temos um problema com a emissão monetária futura, vinculada às chamadas "LELIQs", que são instrumentos usados pelo BCRA para retirar (esterilizar) dinheiro das ruas pagando juros sobre o dinheiro emitido. O BCRA financia o Tesouro de diferentes maneiras, por meio de diferentes mecanismos pelos quais dá dinheiro ao governo e, para tirar esse dinheiro das ruas, insere títulos chamados "LELIQs" (Letras de Liquidez do BCRA), um instrumento de esterilização pelo qual paga uma taxa de juros. Qual é o problema com esses instrumentos? São as emissões monetárias futuras, com as quais também teremos problemas no futuro. E por que isso é importante? Porque a relação entre o valor dos instrumentos remunerados (LELIQ) hoje e a base monetária é superior à que tínhamos no último trimestre de 1988, antes da hiperinflação no governo de Alfonsín. Além desse nível ser perigosamente alto, esses instrumentos pagam hoje uma taxa de juros de 107%, ou seja, ao longo do ano vigente, essa relação perigosa, que hoje é de 2,5 vezes, passará a ser de 5 vezes. E isso não é tudo, pois temos ainda outro problema, que é o financiamento do *déficit* fiscal atual, o que elevará o número para 6 ou 7 vezes.

Estamos falando de uma "matriosca" de problemas, pois aqui também se revelam os demais problemas que o governo da *Frente de Todos*[2] tem com a emissão de pesos e com a renovação da dívida em pesos. Ou seja, o governo também emite títulos em pesos e isso acarreta um vencimento de 2 bilhões de pesos por mês. Em outras palavras, todo mês vence o equivalente a 40% da base monetária. E o que isso significa? Que temos problemas no BCRA referentes às emissões anteriores, atuais e futuras e que também temos um problema com o *roll-over*[3] da dívida do governo em pesos.

Mas ainda há outro problema: para não saturar a emissão de pesos, o governo conseguiu financiamento "saqueando" os aposentados, pois utilizou o Fundo de Garantia de Sustentabilidade para novos instrumentos, o que compromete as futuras aposentadorias. Também utilizou o Banco Nación e, portanto, eles estão "estourando" o balanço patrimonial do banco, ao mesmo tempo em que pressionam o sistema financeiro para assumir uma quantidade maior de instrumentos em pesos.

Ou seja, quando alguém faz um depósito, o banco empresta esse dinheiro ao Estado, seja para o BCRA ou para o próprio setor público. Por que isso é relevante? Porque atualmente todos esses instrumentos representam cerca de 70% das carteiras dos bancos. E se o sistema financeiro está quase no seu limite com esse tipo de instrumento, altamente exposto a um governo que está tecnicamente

---

2. A *Frente de Todos* foi uma coalizão política de apoio ao candidato Alberto Fernández para as eleições presidenciais de 2019.
3. O *roll-over* é uma operação que consiste em estender um contrato financeiro para além da data de validade inicialmente fixada.

inadimplente, pois não tem *superávit* primário, e também vemos que os agregados monetários estão crescendo a 70% e a taxa de juros dos instrumentos é de 100%, fica claro que não há como lidar com isso, porque mais cedo ou mais tarde ficaremos sem recursos. Em outras palavras, não teremos ativos para comprar o que o BCRA precisa para refinanciar as LELIQs e o Estado para refinanciar a dívida. Em suma: isso leva diretamente a uma situação explosiva de oferta de moeda e, consequentemente, pode resultar em hiperinflação.

Essa matriosca, naturalmente, ainda esconde outra desvantagem: a demanda por dinheiro, que é uma variável que não resiste a tudo isso. Na verdade, a Argentina tem hoje um problema de excedente monetário, que surge devido aos controles de preços e controles no mercado de câmbio. Quando os argentinos têm pesos e querem se livrar deles, uma das coisas que fazem é comprar dólares, e o cepo cambial[4] é, em teoria, uma ferramenta para evitar essa situação.

Obviamente, o remédio é pior do que a doença. Primeiro, por causa da perversão liberticida que é o cepo, pois, no final das contas, se alguém ganha seu dinheiro honestamente, deveria gastá-lo como quiser.

Quem é o governo para lhe dizer com o que você pode gastar ou não? O governo, além de estourar e, ao mesmo tempo, restringir o conjunto de consumo atual, também estoura o conjunto de consumo futuro, pois o peso não é mais uma reserva de valor, e eles estão forçando o povo a ficar com esses pesos.

Vamos pensar em 2001, ainda na conversibilidade, cem pesos--dólares... Quem ficou com cem pesos teria trinta centavos de dólar hoje, ou seja, teria empobrecido drasticamente, perdendo 99,7%. Uma verdadeira fraude. O que a armadilha do cepo cambial faz é forçar a demanda por pesos porque não permite que as pessoas comprem dólares. Isso gera uma demanda artificial por pesos, o

---

4. Também conhecido como "cepo do dólar", é uma restrição que limita a compra de dólares.

que aumenta a base tributária do imposto sobre a inflação, que também é um roubo e não é gratuita, pois o excesso de demanda no mercado de câmbio se paga com um excesso de oferta no restante da economia. No mercado de títulos, isso se manifesta no abalo dos preços dos títulos, que implicam em alto índice de risco-país, o que, por sua vez, gera altas taxas de juros e excesso de oferta no mercado de bens. Em outras palavras, o nível de investimento desmorona, e a poupança desaparece do sistema. Essa queda de investimento prejudica o nível de atividade. Consequentemente, impacta o mercado de trabalho com uma demanda menor, o que leva à redução dos salários reais (não porque o mercado de trabalho é flexível, mas por causa do impacto da aceleração da inflação sobre os salários reais), e isso aumenta o número de pessoas pobres e indigentes, com a consequente deterioração social que leva os políticos a aumentar os gastos públicos, aumentando o *déficit* e a emissão de dinheiro e a dívida, o que nos mergulha em um círculo vicioso de pobreza.

Hoje a Argentina tem um PIB per capita 13% menor do que tinha em 2011. Além disso, como a atividade é penalizada, a demanda por mão de obra também é castigada, o que significa que não há produtividade nem empregos, e os salários são destruídos. Atualmente, a Argentina tem o segundo salário mais baixo em dólares da região (somente a Venezuela tem um salário menor). E isso não é de graça, pois novos empregos não são gerados, os jovens que podem vão para o exterior, e os que ficam, milhões de pessoas dos setores mais desfavorecidos, em alguns casos acabam no mundo das drogas ou na criminalidade. O resultado é uma situação social grave: hoje temos um aumento de 40% no número de pessoas pobres e 10% no número de indigentes. Essa última questão também não é de menor importância, pois significa que, no país dos alimentos, capaz de produzir comida para 400 milhões de seres humanos, porém com uma carga tributária de 60% no campo (o Estado fica com os alimentos de 240 milhões de pessoas), há cinco milhões de argentinos que não têm nem o básico para comer. Está tudo errado...

Política monetária, dinheiro, preços e dólar
A Origem do Dinheiro

No fundo, o que estamos vendo, o problema com o dinheiro, os preços, o dólar, a inflação e a estagnação, está relacionado a um projeto de política econômica que contaminou os valores morais. O que vemos no plano monetário é apenas um reflexo do que está acontecendo no nível da política econômica.

Vamos nos concentrar agora no problema da inflação. Se dissermos que a inflação é sempre e em todos os lugares um fenômeno monetário, teríamos que começar rastreando a origem do dinheiro: o que é, como surgiu e como funciona. A primeira coisa a entender é como seria uma economia sem dinheiro. Seria uma economia de troca. Porém, a economia de troca tem alguns problemas, sobretudo em grandes sociedades, pois há um obstáculo chamado "dupla coincidência", ou seja, eu preciso encontrar alguém que queira comprar minhas palestras sobre economia e que justamente essa pessoa queira me vender um bem que ela possua e que eu também queira esse bem. Isso é muito difícil e um verdadeiro retrocesso, visto que reduz drasticamente o número de transações. Levado ao extremo: qual é a coisa mais miserável que poderia acontecer a um ser humano? Estar completamente sozinho. Pois quem vive sozinho tem de fazer seus próprios sapatos, suas próprias meias, suas próprias calças, suas próprias roupas íntimas, suas próprias camisas, seus próprios óculos; além disso, tem de providenciar sua própria comida. Estaríamos ocupados o tempo todo criando os bens necessários para viver, que, além de serem muito poucos, seriam de péssima qualidade. Na realidade, estamos vendo o efeito inverso do que Adam Smith (1723-1790) apontou como os benefícios da divisão do trabalho.

É evidente que, em uma economia de troca, teríamos um padrão de vida miserável. Precisaríamos trabalhar o dia todo por um padrão de vida horrível. Os benefícios da divisão do trabalho seriam perdidos. Sendo assim, não há nada mais liberal do que a divisão do trabalho. Não há nada mais liberal do que o comércio, não há nada que gere mais bem-estar para a população do que a divisão do trabalho. E isso leva à cooperação social, pois, caso contrário, até posso odiar alguém, mas se essa pessoa ficar brava comigo e não comprar o produto que preciso vender, vou à falência. Portanto, mesmo que eu a odeie com toda a minha alma, sou obrigado a tratá-la bem.

Essa é a mágica do livre mercado: pessoas que, caso se conhecessem, poderiam desprezar uma à outra e se relacionar muito mal, mas acabam cooperando pacificamente. Por esta razão, Frédéric Bastiat (1801-1850) disse: "Onde o comércio entra, as balas não entram". E, por isso, Bertrand de Jouvenel (1903-1987) disse: "Onde há livre mercado, os costumes são doces". Foi isso que inspirou a União Europeia. Ou seja, no dia em que se interligaram economicamente, de forma consciente, não tiveram outra escolha senão cooperar e cessar as ações bélicas.

Voltemos à dupla coincidência. Se tivéssemos uma economia de troca, seria um cenário bastante complicado. Suponhamos que eu queira comprar pão e o padeiro queira adquirir minha palestra. Nesse caso, resolvemos facilmente a questão da dupla coincidência. Mas agora o problema é que não estou disposto a dar uma palestra por apenas um quilo de pão, e a parte da palestra que eu daria por um quilo de pão provavelmente não seria útil para o padeiro. Surge, então, a indivisibilidade como um empecilho: não é possível comprar um pedaço de um carro, um pedaço de uma casa, a menos que haja crédito, mas isso deriva de outra situação, que tem a ver com a existência de poupança. Posso dar uma palestra, mas certamente não há ninguém disposto a me dar seu carro esportivo de luxo por ela.

Nesse ponto, as transações paralisavam. No entanto, as pessoas descobriram que queriam realizar essas trocas de qualquer maneira, que havia coisas que elas não apenas desejavam, mas também precisavam. Assim, as pessoas não desistiram: a ociosidade não é a primeira solução, então elas tentaram encontrar uma saída e conseguiram. Essa é uma questão muito importante, mas eu diria que 99% dos economistas não compreendem: o dinheiro é um bem de troca indireta. Por exemplo, de repente alguém não queria trigo (o insumo básico para produzir pão). Então, o que essa pessoa percebeu? Que o trigo era utilizado em muitas transações. Então, ela trocou seu bem por trigo, pois este lhe permitiria comprar, por exemplo, sapatos. Assim, surgiu um bem de troca indireta que, por ser utilizado em muitas transações, acabou se tornando "dinheiro", pois não valia apenas seu valor como trigo, mas também valia porque era possível fazer transações com ele.

Este aspecto é muito importante: o dinheiro é basicamente um bem de troca indireta. E há diversos bens que podem servir a esse propósito. Qual foi o primeiro "dinheiro" a surgir? O gado. E por que o gado? Porque as sociedades eram nômades e, portanto, o gado, que era o que elas comiam, era levado para todos os lugares. E, além disso, tinha demanda, era procurado, pois, como dissemos, era uma fonte central de alimento. Mais tarde, quando o homem adquiriu moradia fixa, surgiram outras "moedas". Então, o que as pessoas comiam basicamente? Pão. E de onde vinha o pão? Do trigo. Assim, o trigo se tornou a mercadoria mais comercializada; alguém poderia adquirir trigo porque queria fazer pão ou porque queria comprar sapatos, camisetas ou qualquer outra coisa: como um bem de troca indireta. Dessa forma, surgiram várias "moedas", como o linho, o café e outra muito importante: o sal. O termo "salário" vem da palavra "sal", pois era pago com sal. Há uma superstição que diz que derrubar sal traz má sorte. Então, na mesa, quando alguém passa o saleiro para outra pessoa, não o entrega diretamente em sua mão, mas coloca o saleiro sobre a mesa, perto da pessoa. Essas parecem superstições bobas, mas, no passado, faziam todo sentido. Vamos pensar o seguinte: duas pessoas se encontram e uma compra um bem da outra.

O comprador usará o sal como forma de pagamento e, por isso, carrega-o em um saco. Então, ao manusear o saco, o sal cai no chão. Isso é má sorte. É como se, nesse momento, alguém tivesse 10 mil dólares no bolso e, por algum motivo, 1,5 mil caíssem no chão; essa pessoa teria uma perda instantânea de 15%, um número doloroso. Por isso, evitavam manusear o saco de sal: ele era colocado diretamente na balança e, então, a pessoa quem cobrava o dinheiro o retirava. É daí que vêm esses costumes.

Há outros casos que também são muito divertidos. Aqueles de nós que são mais velhos certamente se lembrarão da prisão de Alcatraz, na Califórnia, EUA; talvez alguns até a conheçam como a atração turística que é agora. Na época, era uma prisão de segurança máxima. Na visita turística à ilha, descobrimos que existe uma parte da prisão que fica ao ar livre e de onde é possível ver a Baía de São Francisco. Era o local em que os presidiários podiam realizar atividades recreativas. Porém, dizem que esse era o pior lugar da prisão para os detentos, pois a visão panorâmica da deslumbrante Baía de São Francisco os fazia perceber como o tempo passava na cidade enquanto eles não tinham liberdade.

Qual era a moeda utilizada nas prisões? Cigarros. Se alguém fosse visitar um preso, provavelmente levava cigarros para ele: esse era o "dinheiro" nas cadeias. Portanto, se muitos visitantes levavam muitos maços de cigarros, essa quantidade tinha de ter alguma relação com a quantidade de cigarros consumidos, a demanda, pois, caso contrário, gerava-se inflação. Esse exemplo serve para explicar, de forma muito simples, como a inflação é gerada: o excesso de cigarros (pesos) em circulação os desvalorizava como bem de troca indireta e, portanto, era necessária uma quantidade maior de cigarros para obter o mesmo bem.

Propriedades do dinheiro

Qual é o problema com essas "moedas" que mencionei? Elas não podem ser uma reserva de valor, pois o estoque de sal, trigo ou café se deteriora com o tempo. Portanto, uma das principais funções do dinheiro é permitir a transferência do consumo do presente para o futuro e vice-versa e, nos casos dessas moedas, essa função não se cumpre, pois não são reservas de valor, uma vez que se degradam com o passar do tempo. Esse é um tipo de taxa de juros negativa. Um exemplo de uma taxa de juros negativa é a casquinha de sorvete, porque quando seguramos o sorvete e não tomamos na hora, ele derrete e estraga.

Nesse contexto, era preciso procurar outros tipos de mercadorias. Além disso, havia outro problema: a portabilidade. Era muito incômodo ir de um lugar a outro com um monte de sacos de trigo, certo? Então, os seres humanos descobriram que seria bom que as moedas fossem metálicas, para não violar a questão da reserva de valor, mas ao mesmo tempo obter portabilidade, ou seja, com o mesmo peso, muito mais valor poderia ser carregado. E o que as pessoas mais valorizavam em termos de metal? O ouro e a prata. Assim, para grandes transações, usava-se ouro e, para transações menores, prata. Isso resolveu parte do problema.

Agora, suponha que alguém quisesse fazer negócios de uma cidade para outra. Nesse caso, o comerciante carregaria não apenas mercadorias, mas também moedas de ouro e prata. Certamente, ele se deslocaria com uma carruagem, o que era o mesmo que ter uma placa grande com a frase: "Estou transportando ouro e prata". Na série *Zorro*, aqueles que desciam do porto e iam para a cidade sempre eram atacados. Por quê? Porque carregavam ouro e prata. Por isso todos andavam armados, justamente para defender os frutos de seu trabalho (além do fato de que havia uma espécie de policial fora da lei, o Zorro – como o Batman –, cujo objetivo era colocar na cadeia os ladrões com e sem uniformes e os "luvas brancas", que ditavam leis de acordo com seus próprios interesses). Claramente, isso gerou uma situação complexa porque, embora esse dinheiro fosse uma reserva de valor e fosse portátil, ele também atraía muitos perigos.

Então, a próxima descoberta foi que o ouro e a prata poderiam ser depositados em uma entidade que cuidasse desses metais preciosos e, em troca, emitiam certificados aos proprietários dessas moedas. Estamos falando da primeira versão da emissão de dinheiro (e a primeira coisa que deve ficar claro é que o dinheiro é um título de dívida)⁵. Eles emitiam um papel, uma nota promissória, referente ao ouro/prata depositado. Quando o proprietário utilizava essa nota para fazer um pagamento, o novo detentor levava esse papel ao local de emissão e exigia o ouro/prata ali depositado e, assim, a instituição tinha de entregá-lo.

O que poderia dar errado? Havia fraudes nesse meio, pois algumas pessoas imprimiam títulos sem lastro; então, começaram a surgir revoltas. O que o Estado fez em relação a isso? Em vez de resolver a questão em termos de justiça, ele assumiu o controle do negócio de impressão de cédulas. O Estado não apenas monopolizou a impressão, mas também a utilizou para o que é conhecido como "senhoriagem", que é a emissão de dinheiro para financiar suas próprias despesas. Ou seja, para evitar a fraude praticada por algumas pessoas, o Estado passou a ter o monopólio da emissão de moeda e, como esse monopólio era acompanhado pelo monopólio da violência, o que acabou acontecendo foi que essa fraude ficou nas mãos do Estado e em proporções muito maiores, sem a possibilidade de ser resolvida pelo funcionamento do mercado. Obviamente, isso é uma falsificação e, ao introduzir essa questão na economia,

---

5. "O dinheiro, de acordo com o argumento convencional, é um meio de troca que tem a vantagem de eliminar as ineficiências das transações de troca, é uma unidade de conta que facilita a avaliação e o cálculo, e é uma reserva de valor que permite realizar transações econômicas de longo prazo e também entre longas distâncias geográficas. Para desempenhar todas essas funções de forma ideal, o dinheiro precisa estar disponível, ser acessível, durável, fungível, transportável e confiável. Por atenderem à maioria desses critérios, os metais como ouro, prata e bronze são considerados, há milênios, a matéria-prima monetária ideal. As moedas mais antigas conhecidas datam de nada menos que 600 a.C. e foram descobertas por arqueólogos no templo de Ártemis em Éfeso (perto da atual cidade turca de Izmir). [...] Basta dar uma olhada nas palavras mágicas gravadas em algumas cédulas: "O Banco de [...] pagará ao portador [...]". As cédulas (originárias da China do século XVII) são pedaços de papel sem praticamente nenhum valor intrínseco. São simplesmente compromissos de pagamento (por isso foram originalmente designadas como "notas promissórias"), assim como as tábuas de argila da antiga Babilônia há quatro milênios. "Nós confiamos em Deus", diz o verso da nota de dez dólares dos Estados Unidos; mas a pessoa em quem você realmente confia quando aceita uma nota como pagamento é o atual sucessor do homem que aparece na frente da nota (Alexander Hamilton, o primeiro Secretário do Tesouro dos Estados Unidos)" (FERGUSON, Niall. *El Triunfo del Dinero. Una Historia Financiera del Mundo*. Barcelona: Debate, 2008).

torna-se uma fraude direta. Por esse motivo, comemoro muito o novo livro de Ricardo M. Rojas, *Inflação como Delito* (LVM Editora, 2023), pois a inflação é precisamente um crime, já que o Estado imprime papel sem lastro.

É preciso dizer mil vezes: imprimir moeda para financiar o *déficit* fiscal é um crime, e é por isso que este governo está cheio de criminosos, visto que, como mencionado acima, nos três primeiros anos de governo, emitiu o equivalente a 16 pontos do PIB para financiar o Tesouro. Em outras palavras, estamos sendo roubados do equivalente a 5,33 pontos do PIB por ano. Suponhamos que o PIB argentino fosse de 600 bilhões de dólares; nesse caso, estariam roubando de nós 30 bilhões de dólares todos os anos. E a culpa não é apenas do governo, mas também da oposição que aprova o orçamento. Existe cumplicidade de ambos os lados.

Isso é um crime, mas, obviamente, não está classificado no Código Penal. E como poderia estar? Seria uma medida justa, mas em detrimento dos políticos, que fazem essas manobras monetárias e roubam o povo justamente por meio do dinheiro. Obviamente, quando as pessoas percebiam tudo isso, elas se desfaziam do dinheiro. Então, o que fizeram os responsáveis pelo Estado ante o temor de que o povo migrasse para outra moeda e, assim, não conseguissem mais enganar ninguém com o imposto inflacionário? Em 1445, surgiu o primeiro Congresso de Gênova, que estabeleceu o "curso forçado". Por quê? Para que as pessoas fossem obrigadas a usar a moeda emitida pelo Estado dentro do reino e no feudo. Assim surgiu a grande fraude, o Estado se apropriando da moeda – uma invenção desenvolvida pelo setor privado foi usada por monarcas e senhores feudais para prejudicar e defraudar o povo. E como as pessoas resistiam, eles resolviam o problema com um só golpe.

Assim, começam a surgir as características do dinheiro. Por exemplo, um de seus atributos fundamentais é o fato de ser uma reserva de valor. Em outras palavras, os argentinos não desprezam o peso por uma questão psicológica, mas porque ele não cumpre a função de reserva de valor.

Outra função que o dinheiro deve cumprir é a de ser um meio de pagamento generalizado, ou seja, quando todos utilizam esse papel em suas transações. Isso implica que ele seja uma unidade de conta: os preços são definidos ou denominados nessa moeda.

Agora, vejamos o caso do peso... Ele não é uma reserva de valor, devido à inflação, derivada do fato de que o governo está emitindo dinheiro de forma exagerada sem uma contrapartida em termos de demanda de dinheiro. As características fundamentais de grande parte das crises pelas quais a Argentina passou desde o início do século XX até hoje têm origem em um grande *déficit* fiscal que, como não pode ser financiado com dívidas, acaba sendo coberto com emissão de moeda que gera desastres inflacionários. Diante dessa situação, o que acontece? Se alguém quiser negociar grandes ativos, como uma máquina, um carro, uma casa, um apartamento, ninguém vai estabelecer um preço em pesos. Como precificarão em pesos se daqui a um ano restará metade do poder de compra? Portanto, o peso não é mais uma unidade de conta, pois só é útil para transações pequenas ou de curto prazo. Nesses casos, ele pode funcionar, mas não para bens de capital. Essa não é uma questão trivial, pois significa que os ativos de longo prazo, especialmente os bens de capital mencionados acima, não podem ser negociados, pois sofrerão uma desvalorização ao longo do tempo como consequência da inflação. Nesse contexto, a inflação pune o sistema, pois a distorção gerada nos preços relativos (a inflação é para o sistema de preços o que o ruído é para uma comunicação) impede o acúmulo de capital, alimentando o ciclo de falta de emprego e deterioração dos salários, pois a produtividade não aumenta.

Portanto, a única coisa que resta do peso é sua função como meio de pagamento generalizado, o único respaldo e o único motivo que resta para a demanda de pesos é porque ainda servem para pagar impostos. Mas chega um momento em que ninguém quer ter esses pesos, não importa o que aconteça e, assim, ocorre a hiperinflação. Esse é o momento em que o dinheiro morre. Além do problema do excesso de emissão de moeda, a hiperinflação é precipitada por uma queda da demanda por dinheiro. Em suma: na Argentina, o dinheiro tem cada vez menos funções, visto que não é uma reserva de valor, não é totalmente uma unidade de conta e não é mais um meio de pagamento generalizado. Finalmente, agora estamos em condições de caminharmos direto para a inflação.

A inflação e sua definição

A primeira coisa a fazer é definir o que é inflação, pois esta não é uma questão secundária. Há um detalhe muito interessante: no início do século XX, a definição do termo no *Dicionário da Real Academia Espanhola* era mais ou menos a seguinte: era, então, a perda do poder de compra do dinheiro. Uma visão totalmente alinhada com a teoria monetária da inflação. Essa é a definição original. Na verdade, no estatuto do BCRA de 1935, a preservação do valor da moeda era uma missão fundamental, relacionada a essa definição. Assim pensava o mundo no início do século XX.

No entanto, a irrupção nefasta daquele livro lamentável chamado *Teoria Geral do Emprego, do Juro e da Moeda*, de John Maynard Keynes (1883-1946), lançado em 1936, destruiu tudo isso. Em qual sentido? Ao destruir a estrutura analítica que existia até então, com modelos em que, no mercado de bens, a interação entre poupança e investimento determina a taxa de juros, e em que a taxa de juros representa o preço relativo entre os preços dos bens atuais e dos bens futuros, enquanto no mercado monetário determinava o nível de preços. Aí estavam a escola sueca, a escola de Cambridge, na Inglaterra (à qual o próprio Keynes pertencia), ou a escola austríaca, com Ludwig von Mises (1881-1973) e Friedrich Hayek (1899-1992). Então, quando apareceu a *Teoria Geral...*, Keynes destruiu essa estrutura analítica. Como ele pretendia estabelecer a taxa de juros no mercado monetário, visto que, no mercado de bens, determinava o nível de renda (PIB), ele tirou um coelho da cartola e disse que os preços são dados por uma margem de lucro sobre os custos e, como os custos são definidos em uma economia de curto prazo e são os salários, então ele adicionou um *markup* (margem de lucro) sobre os salários (definidos no mercado de trabalho). Isso tem várias consequências. A primeira é que a inflação não é mais responsabilidade dos políticos e dos bancos centrais, mas, sim, obra dos vilões: empresários que querem ganhar muito dinheiro, trabalhadores gananciosos ou consumidores que gostam de gastar. Ou porque há uma guerra no exterior ou porque as empresas de petróleo decidiram aumentar os preços. A partir daí, quando o efeito indesejado chamado inflação aparece, a culpa não é mais dos políticos. E mais ainda: passa a ser de todos, menos dos políticos. A tal ponto que a Real Academia Espanhola mudou a definição de "inflação" para: "Elevação do nível geral de preços". Lembre-se de que antes era "perda do poder de compra do dinheiro". Isso é muito relevante. Quando alguém não sabe o que é inflação, a primeira coisa que faz é procurar no dicionário, e lá está ele dizendo que o problema são os preços subindo, enquanto a definição anterior dizia que o dinheiro perdia valor. E isso pode parecer a mesma coisa, mas não é nem um pouco similar, pois, na nova definição, a responsabilidade é dos empresários, trabalhadores, sindicalistas, consumidores, ou da guerra ou das empresas de petróleo... Ou até das nuvens, das manchas solares! Por outro lado, na definição tradicional do início do século XX, o problema eram os políticos. Quando fui pela primeira vez ao programa *Animales Sueltos*[6], o apresentador Alejandro Fantino me perguntou qual era a diferença entre um keynesiano e um libertário. Respondi:

> Imagine que surja um político honesto (o que é uma suposição muito forte) e ele também queira resolver os problemas das pessoas (uma suposição muito mais forte), além de ser uma pessoa aberta (três condições que são quase impossíveis de acontecer juntas). E então esse

---

6. Programa de TV noturno exibido na Argentina desde 2009 no formato "*late night show*". Passou a receber políticos em 2012 e tornou-se um programa inteiramente voltado à política em 2016.

político chama um keynesiano e um libertário. Cada um deles dá um diagnóstico, e o político, sendo um "homem prático", pede a eles um curso de ação. Nesse contexto, o keynesiano diz: "Você é a extensão do braço de Deus; com o gasto público, você tem em suas mãos o milagre da multiplicação dos pães; malditos sejam os produtores de ardósias que as tornam tão pequenas diante do milagre que a política pode realizar com o gasto público... VOCÊ É UM BENFEITOR SOCIAL". Mas quando chega a vez do libertário, o que ele responde? "O problema são vocês. Saiam de cena". Quem você acha que esse político contratará? O keynesiano. O político odeia o libertário, porque este lhe diz na cara que ele é inútil, um charlatão, um mentiroso ou, sem enrolação, um ladrão. Somente os libertários estão dispostos a dizer que o Estado é uma organização criminosa, pior do que a máfia, porque pelo menos a máfia compete, mas o Estado não admite competição; na verdade, ele tem o monopólio da violência e é financiado por uma fonte coercitiva de receita chamada impostos, um dos quais é inflacionário: um crime derivado da emissão monetária para financiar o Tesouro.

Basicamente, as únicas pessoas que estão dispostas a dizer isso a um político são os libertários. Por isso eles nos detestam. E também por esse motivo, o partido *Juntos por el Cambio*[7], em vez de lutar contra os kirchneristas, que são aqueles que supostamente desejam tirar do poder, estão o tempo todo me atacando (seja diretamente, com os próprios políticos; ou indiretamente, por meio de seus assassinos de reputação contratados que vivem de manchetes). E por isso os kirchneristas também brigam comigo, e não com a turma do *Juntos por el Cambio*. Você não acha isso estranho? Será que eles são

---

7. Coalizão política argentina liderada pelo ex-presidente Mauricio Macri para disputar as eleições nacionais de 2019. É apontada como centro-direita. Em português significa "Juntos pela Mudança".

cúmplices? Ou seja, eles podem até se alternar no poder, mas não aceitarão perder seus negócios. O libertarianismo destrói a base de seus negócios, que é o que está empobrecendo os argentinos.

Um pouco da história do pensamento econômico

Logo no início do livro, mencionei que adoto a linha da teoria monetária da inflação. E os primeiros que começaram a desenvolver o tema de forma sólida, científica, orgânica e sistemática foram os escolásticos da Escola de Salamanca, em meados do século XVI, em 1550. Isso aconteceu naquele local e naquela época porque, no final do século XV, ocorreu o descobrimento da América, que trouxe muito ouro para a Espanha. Com o aumento da oferta de ouro, seu poder de compra caiu, ou seja, todos os preços expressos em ouro subiram. Nesse contexto, a Espanha tornou-se menos competitiva, mais cara que outros países e importou mais do que exportou, o que se traduziu em um fluxo de ouro para outros territórios europeus. Mas o que aconteceu foi que os preços subiram em toda a Europa. Esse fenômeno, que a Escola de Salamanca percebeu, foi a versão embrionária da teoria quantitativa. Mais tarde, essa versão foi para a Escócia, onde foi desenvolvida por um senhor amigo de Adam Smith, David Hume (1711-1776). Ele desenvolveu o modelo ajuste-espécie, que é o que acabei de mencionar. Basicamente, nada mais é do que a lei do preço único estendido para uma economia aberta, em que o nível de preços de um país é determinado pela taxa de câmbio multiplicada pelos preços internacionais, um modelo que hoje conhecemos como "paridade do poder de compra" e que usamos até hoje.

A partir daí, na linha de Hume, por um lado, surgem as abordagens wicksellianas[8], baseadas nesses esquemas de poupança/

---

8. "As mudanças no nível geral dos preços sempre despertaram grande interesse. Obscuras em sua origem, exercem uma influência profunda e de longo alcance na vida econômica e social de um país.

As variações relativas nos valores de troca de grupos individuais de mercadorias são um resultado necessário e óbvio das mudanças nas condições de produção e das melhorias investimento para determinar a taxa de juros como um mecanismo de equilíbrio de mercado entre os bens atuais e os bens futuros, em que a poupança é o consumo futuro e o investimento é a produção futura, e em que a taxa de juros é um mecanismo intertemporal que determina os preços atuais em relação aos preços futuros. E no mercado monetário, determina o poder de compra da moeda. Paralelamente, essas abordagens de poupança/investimento competiram com a versão da teoria quantitativa de Irving Fisher (1867-1947) no início do século XX. É a ideia de que a quantidade de moeda multiplicada pelo número de vezes que ela gira na economia determina o PIB nominal. E o PIB nominal da economia tem como componentes o nível de preços multiplicado pela produção; assim, dado que o nível de produção e a velocidade eram bastante estáveis, aumentos na quantidade de dinheiro se traduziam em aumentos de preços. Obviamente, essa é a parte mecânica do processo. Na verdade, todo o debate era sobre mudanças na velocidade, ou seja, quando as pessoas, por algum motivo, demandavam mais ou menos

---

técnicas. O dano que causam a classes de produtores e consumidores se ajusta, em maior ou menor grau, como consequência das mudanças na demanda ou da transição do capital, do trabalho e da terra, daquelas esferas de produção que agora remuneram menos para aquelas que se tornaram mais rentáveis.

Mas as coisas mudam quando há um aumento ou uma queda nos preços monetários de todas ou da maioria das mercadorias. O ajuste não pode mais ser feito por mudanças na demanda ou por uma transição dos fatores de um ramo de produção para outro. Seu progresso é muito mais lento, ocorre sob dificuldades contínuas e nunca é completo, de modo que sempre resta um resíduo, temporário ou permanente, de desequilíbrio social.

Um aumento generalizado nos preços é, obviamente, prejudicial a todos aqueles que recebem uma renda monetária fixa, como é o caso hoje de um número crescente de grupos sociais. Também prejudica aqueles que obtêm toda ou grande parte de sua renda por meio de empréstimos de capital monetário de um tipo ou de outro (estes constituem uma classe que, claro, não se limita de forma alguma à classe dos capitalistas reais). De qualquer forma, isso ocorre enquanto não houver um aumento correlativo da taxa de juros para compensar a queda no poder de compra do dinheiro.

Por fim, o aumento generalizado dos preços prejudica o trabalho se este não tiver o poder de impor um aumento correspondente nos salários. Mas não devemos esquecer que um aumento nos salários pode preceder um aumento nos preços, atuando como sua causa direta" (WICKSELL, Knut. *Interest and Prizes* [*Geldzins und Güterpreise*]. Londres, 1898, traduzido para o inglês pela Royal Economic Society, 1936, disponível no Mises Institute Student Series).

dinheiro. O herdeiro dessa tradição é Milton Friedman, que debate com os keynesianos neoclássicos.

Com relação à interpretação da *Teoria Geral*, obra de um autor nascido na tradição wickselliana, há várias linhas interpretativas. De um lado, há a linha dos pós-keynesianos, ancorados em uma tradição marxista e que, de fato, são os que levam adiante a discussão do capital (Cambridge versus Cambridge) com os keynesianos neoclássicos. Do outro lado, há os keynesianos neoclássicos, herdeiros da abordagem Hicks-Hansen. Obviamente, dentro dessa tradição, há um amplo espectro que vai desde o keynesianos "Ford Modelo T" até versões mais elaboradas que buscam solucionar de forma elegante os problemas causados pelo multiplicador em relação à violação da restrição orçamentária do keynesianismo básico. Paralelamente, há a interpretação baseada no trabalho de Axel Leijonhufvud (1933-2022), que defende que a *Teoria Geral* é o tratado de Keynes sobre o dinheiro mais o ajuste de preços e a armadilha da liquidez. Nesse sentido, ele argumenta que a armadilha da liquidez deve ser eliminada da análise e propõe uma teoria Z, que é: "O tratado sobre o dinheiro mais o ajuste por quantidades", ou "A teoria geral menos a armadilha da liquidez". Sobre isso, me permito discordar, pois, como mostrei em meu livro *Desenmascarando la Mentira Keynesiana* ["Desmascarando a Mentira Keynesiana", em tradução livre] (Unión Editorial, 1990), Keynes destrói toda a estrutura wickselliana, já que a taxa de juros não é mais determinada no mercado de bens, mas, sim, o nível de renda. De forma errônea (ao confundir equilíbrio parcial com equilíbrio geral), a função de consumo passa a depender da renda e, portanto, forma a base do multiplicador; o investimento passa a depender do humor do investidor, o que determina a renda e, a partir da renda, determina-se a demanda de trabalho, de modo que, juntamente com a oferta de trabalho, o salário nominal é definido. Então, é necessário definir a taxa de juros no mercado monetário, e agora não é possível determinar o nível de preços nesse mercado. Portanto, para chegar ao nível de preços, aplica-se um *markup* sobre os custos que, nesse caso, é o salário nominal. E, assim, abandona a teoria subjetiva do valor com a qual os economistas trabalhavam até então e retorna à teoria objetiva do valor (trabalho), com todos os problemas que ela acarreta.

Por sua vez, o debate entre keynesianos neoclássicos e monetaristas, após vários anos de discussões inúteis sobre elasticidades, convergiu para a discussão sobre a "curva de Phillips", que mostra uma relação negativa entre inflação e desemprego (vale esclarecer que essa versão é proposta por Lipsey (1928-), já que Phillips (1914-1975) havia trabalhado na relação entre a variação percentual dos salários nominais e o desemprego). Além disso, nesse contexto, os keynesianos mostraram que poderiam aceitar um pouco mais de inflação para reduzir o desemprego. Entretanto, ao incorporar um esquema de expectativas adaptativas, essas reduções na taxa de desemprego seriam transitórias, uma vez que, quando os indivíduos descobrissem a nova regra monetária, isso implicaria que a taxa de inflação aumentaria e a taxa de desemprego voltaria à taxa natural (determinada pelas condições reais do mercado de trabalho). Essa ideia, conhecida como a hipótese Friedman-Phelps, de 1968, foi aprimorada em 1972 por Robert Lucas Jr. (1937-2023) em um artigo no *Journal of Economics Theory*, no qual ele desenvolveu a hipótese das expectativas racionais. Ele diz que, se os agentes conhecem o modelo, são racionais e operam de acordo com ele; se eles têm informações precisas, esse *trade-off* não existe, desaparece. E a única maneira de gerar esse *trade-off* é enganar os indivíduos. Contudo, eles enganam uma vez, enganam duas vezes, na terceira vez não enganam mais e, assim, à medida que os políticos insistem nesse engano, os resultados são cada vez mais efêmeros. Então, em 1973, Robert Lucas Jr. fez um teste empírico de seu próprio artigo de 1972 e provou que, de fato, não há *trade-off* de longo ou curto prazo, a menos que o objetivo seja enganar os agentes.

Isso é muito importante, pois ele se concentra em dois casos. Um deles é o dos Estados Unidos. O outro... o da Argentina! O caso argentino mostra que a curva de Phillips não só não tem uma inclinação negativa curta, mas também uma inclinação positiva, ou seja, os agentes estão tão cansados de ter sua cesta de inflação cheia que já reagem de forma exagerada. Quando ocorre um choque, ele pode ser monetário ou real; agora, quanto mais choques monetários, mais vezes classificarão o choque como monetário, não real. E qual é o impacto da inflação em um problema de mudança de preços relativos? Nenhum ou muito pouco. E quando olhamos para a história da Argentina, vemos que tiramos treze zeros da moeda e estamos prestes a tirar mais três. O mais provável é que, quando houver um salto nos preços, e isso inclui a taxa de câmbio, isso tenha a ver com um desastre monetário.

Assim surge outra mentira dos economistas, e que é um absurdo: a ideia do *pass-through* (repasse para os preços internos). O que acontece é que, como todo mundo sabe que temos políticos ladrões que usam o BCRA para nos enganar, quando eles veem a taxa de câmbio, percebem que há um problema. Mostrarei com um exemplo que esse *pass-through* (repasse) não é verdadeiro. A base teórica é chamada de "efeito Hume-Cantillon".

O excesso de oferta gerado pelo aumento da oferta não é o mesmo que aquele gerado pela queda da demanda por moeda. Vejamos primeiro o caso do excesso de oferta gerado por uma queda na demanda: as pessoas ficam assustadas, não querem mais nada com o peso e a primeira coisa que fazem é comprar dólares. Assim, primeiro o dólar sobe, e isso aumenta o preço dos bens comercializáveis (ou seja, bens comercializados internacionalmente); depois que o preço dos bens comercializáveis sobe, os atacadistas aumentam o preço e, em seguida, os varejistas; assim, os trabalhadores são arruinados, pois são os que estão na base e cujo salário é a última coisa a subir. Alguém pode ser enganado acreditando que isso é um repasse, mas não tem nada a ver com isso: tem a ver com a dinâmica de como o excesso de oferta de moeda se move pela economia e se espalha em diferentes setores.

Obviamente, as grandes cabeças poderiam continuar dizendo a mesma coisa. Então, veremos agora um excesso de oferta, não por causa de uma queda da demanda, mas porque a oferta aumentou.

Se a oferta aumenta, é porque mais dinheiro é entregue às pessoas. Primeiro, os preços no varejo sobem; quando isso acontece, significa maior demanda e, então, precisamos de mais bens, de modo que os preços no atacado sobem; por fim, quando os atacadistas querem produzir mais, eles precisam tirar trabalhadores de outros empregadores e, portanto, os salários sobem. Quando os preços de varejo, os preços de atacado e os salários aumentam, os preços internos superam os preços externos e, assim, as importações aumentam e as exportações diminuem, o que faz com que a taxa de câmbio aumente. E quando a taxa de câmbio aumenta, os produtos comercializáveis também aumentam. Então, onde está o *pass-through*? Não existe. É uma mentira. Acreditar que os preços são definidos pelos custos é apenas um dos muitos erros que derivam do keynesianismo, além do problema de circularidade que isso implica em um modelo de equilíbrio geral em que os preços determinam os preços. Mas não se pode esperar muito daqueles que acreditam que o multiplicador existe, o que é um ataque violento ao senso comum subjacente a um modelo de equilíbrio geral. E assim surge também a questão da inflação como crime.

A inflação como crime e a economia do ouro

Ludwig von Mises[9] costumava dizer que "enquanto os socialistas continuarem repetindo as mesmas mentiras, nós responderemos com as mesmas verdades". Costumo usar um exemplo que chamo de "a economia do ouro". Trata-se de uma economia em que as

---

9. "O principal motivo para o desenvolvimento das doutrinas do polilogismo, historicismo e irracionalismo não foi outro senão fornecer uma justificativa para rejeitar os ensinamentos da economia na definição da política econômica. Os socialistas, racistas, nacionalistas e estatistas fracassaram em seus esforços para refutar as teorias dos economistas e comprovar a veracidade de suas doutrinas falaciosas. Foi precisamente isso que os levou a negar os princípios lógicos e epistemológicos nos quais se baseia o raciocínio humano, tanto no que diz respeito à vida em geral quanto à pesquisa científica" (MISES, Ludwig von. *Human Action*. Connecticut: Yale University Press, 1949 [edição em espanhol: *La Acción Humana*. Madrid: Unión Editorial, 2011]).

transações são feitas com ouro. De repente, aparecem dois amigos, um físico e um químico, e eles descobrem como transformar plástico em ouro. Então, começam a comprar plástico e transformá-lo em ouro. Agora a casa deles está cheia de barras de ouro. Até aqui, qual é o problema? Nenhum. É uma falsificação. Terão algum problema psicológico por querer mostrar que têm uma casa de ouro, mas isso não prejudica a vida de ninguém, não prejudica sua propriedade, não prejudica sua liberdade. Portanto, não há nenhum problema, porque fiz uma falsificação, mas não é um crime. Quando isso constitui um crime? Quando dizem a outra pessoa: "Trocamos uma barra de ouro nossa por uma barra sua". Ela responderia: "Isso é estranho. Vocês querem trocar algo por algo semelhante?". De fato, seria estranho, especialmente se quisesse trocar barras com todo mundo. Então, oferecem duas barras por uma barra. A outra pessoa diria: "Quando a esmola é grande, até o santo desconfia". Os políticos não fazem isso de forma tão "escancarada", mas fabricam moedas semelhantes às que usamos nessa economia de ouro e as misturam com as boas para colocá-las em circulação. Isso aumenta a quantidade de ouro e, como não tem a contrapartida da demanda, seu poder de compra diminui e todos os preços expressos em unidades de ouro sobem. Surge a inflação, e o outro lado dessa moeda é a fraude. Por isso a inflação é um crime, assim como o financiamento do Tesouro por meio do Banco Central.

A impossibilidade de inflação na economia de troca

Além de tudo isso, há outra dimensão que tem a ver com a possibilidade de inflação em uma economia de troca. Quando as funções de excesso de demanda ou as funções de demanda são derivadas, elas são homogêneas de grau zero, o que significa que dependem dos preços relativos (ou seja, dependem do preço das bananas em termos de açúcar, dos biscoitos em termos de café etc.). Então, quanto custa um telefone? Bem, para um telefone, digamos, eu tenho que dar dez livros. Além disso, como se trata de preços relativos, quando um preço sobe, o preço recíproco deve cair e, portanto, não pode haver inflação. Não pode haver inflação em uma economia de troca. Lancei esse desafio há quase oito anos. Pedi àqueles que afirmam que a inflação é multicausal que me mostrassem que era possível haver inflação em uma economia de troca ou que, dada uma quantidade fixa de dinheiro, há outras coisas que podem gerar inflação. Eles não conseguiram. Porque quando você torna um bem mais caro, precisa tornar outro mais barato. Não pode haver inflação em uma economia de troca, porque esta é formada por preços relativos e, por definição, não existe dinheiro em uma economia de troca, não há nenhum bem utilizado para troca indireta. E a única maneira de haver inflação é se o bem de troca direta aumentar. O que isso significa? Inflação. Ou seja, estou emitindo.

A falácia da teoria não monetária da inflação

Agora temos condições de analisar a situação do que é chamado de "teoria não monetária da inflação", que é uma fraude, uma trapaça, um mecanismo pelo qual os economistas tornam-se parceiros de políticos ladrões. O que considero mais violento por parte desse grupo de economistas é a incapacidade de perceber que o título da teoria não monetária da inflação é provocativo, mas essencialmente falso, porque todos os modelos de inflação estrutural possuem três elementos:

- O primeiro é o que chamamos de "Teorema dos Preços Relativos": se a demanda pelo bem A aumenta mais do que a demanda pelo bem B, o bem A deve se tornar relativamente mais caro do que o bem B;
- O segundo é o problema da inflexibilidade dos preços para baixo: como o preço do bem A aumenta e o preço do bem B não cai, o nível de preços agora é mais alto e, portanto, o PIB nominal do mesmo produto deveria ser mais alto. Mas isso é possível se a quantidade de dinheiro ou a velocidade aumentar.

Como o mercado monetário não é modelado, pois é deixado de fora, a velocidade está dada. Portanto, se a quantidade de moeda e a velocidade forem constantes, o aumento no nível de preços causará redução do PIB. Nesse ponto, os políticos emitem moeda para que a quantidade de dinheiro multiplicada pela velocidade aumente e o PIB não caia. O problema aqui é que, em algum momento, houve uma validação monetária, com o argumento, digamos, de que eles não querem que o PIB caia;

- O terceiro elemento é o chamado "modelo de moeda endógena", em que a quantidade de dinheiro é ajustada para validar o aumento dos preços. Em outras palavras, é mentira que a inflação não é monetária: o que acontece é que ela está imersa em uma equação em que é validada monetariamente. Sem o problema da validação monetária, não haveria inflação. Se não aumentarmos a oferta de moeda, o PIB real cairá para manter o PIB nominal.

Agora, então, a discussão é sobre quais são os modelos de moeda passiva. Nesses modelos, a moeda torna-se endógena, e não exógena, como nos modelos da tradição neoclássica, keynesiana ou monetarista. Há quatro modelos muito discutidos em torno dessa ideia.

Um deles é o "padrão mercadoria", ou seja, a quantidade de moeda é determinada pelo nível de preços. Por exemplo, uma das grandes mentiras do governo é que um componente importante da inflação atual foi causado pela guerra. Isso não é verdade, pois os demais países do mundo não apresentam os mesmos níveis de inflação da Argentina e todos eles têm o efeito colateral da guerra. Suponhamos o seguinte: tenho um bem A e um bem B; o bem A é um produto comercializável, e a guerra faz com que ele aumente drasticamente. O preço internacional do produto A é muito mais alto e, como tenho um grupo de consumidores tremendamente sacanas que não querem parar de consumir A, eles mantêm o nível de consumo. Portanto, agora vou gastar mais com A e, portanto, vou gastar menos com B. E se eu gastar menos com B, seu preço terá de cair. Portanto, o aumento no preço do produto A tem a ver com uma queda no preço de B e não gera inflação, pois o nível de preços não se altera, a menos que eu intervenha monetariamente para que o preço de B não caia, e agora o preço de A aumenta mais do que proporcionalmente. Assim, por meio da emissão monetária, estou validando um nível de preços mais alto. Para evitar o desacoplamento entre a quantidade de moeda multiplicada por sua circulação versus o PIB nominal, que está sentindo o nível de preços e que implicaria uma queda no nível de atividade, eu agora emito mais moeda de acordo com o aumento dos preços, de modo que a subida dos preços induz um aumento na quantidade de moeda, e a quantidade de moeda multiplicada pela velocidade de circulação é a mesma do PIB nominal. Mas isso acontece se, e somente se, eu validar a inflação monetariamente e, nesse caso, estaria emitindo dinheiro como consequência do aumento dos preços. Por que eu emito dinheiro? Para manter o nível de atividade econômica. É falsa a alegação de que temos inflação porque ela veio de fora. Temos inflação porque eu a validei monetariamente.

O segundo argumento estúpido é a ideia do conflito distributivo. Também se baseia em um sistema de inflação estrutural, na qual o modelo monetário endógeno é o padrão salarial. Ou seja, são basicamente os salários que determinam a emissão de moeda. Mas, na realidade, isso não é tão simples. O mecanismo é o seguinte: temos estruturas de mercado concentradas e, quando os vilões sindicalistas ou os trabalhadores perversos conseguem aumentar os salários, os monopolistas ou os empresários tiranos que querem manter suas margens aumentam os preços. Quando os preços sobem, voltando ao mecanismo anterior, o governo emite dinheiro para evitar a recessão. Ou emitem dinheiro porque os salários sobem ou porque os preços sobem, mas o mecanismo é o mesmo: em um caso, o indicador utilizado para endogeneizar a quantidade de moeda é o nível de preços e, no outro, é o nível de salários. É aí que reside o ridículo daqueles que remetem a inflação ao conflito distributivo. A inflação não pode ser um conflito distributivo. Ela ocorre basicamente porque há validação monetária; sem validação monetária, não haveria inflação. O outro modelo é o que chamamos de "padrão externo": quando se imprime dinheiro vinculado às reservas e há uma taxa de câmbio fixa. Isso é muito importante e também leva a situações em que a maioria dos economistas não entende muito bem por que a inflação caiu durante a conversibilidade. Todos eles acreditam que é o resultado da fixação da taxa de câmbio: fixando a taxa de câmbio, seja como for, não há inflação. E é isso que está gerando esses controles estúpidos que temos hoje, que, na realidade, não reduzem a inflação. Alguém pode dizer: "Eu tenho a taxa de câmbio sob controle, não há razão para ter inflação". Mas respondo que não é verdade, porque há controle, mas não há livre mercado. Quando há uma taxa de câmbio fixa, a demanda de base monetária é igual às reservas mais o crédito nacional (ou seja, a emissão pelo Banco Central); portanto, se a emissão é feita de acordo com a demanda de moeda, as reservas são perdidas. Por quê? Porque dados os preços internacionais e dado o nível de preços pela paridade do poder de compra, o qual diz que os preços internos são a taxa de câmbio dos preços internacionais, então o nível de preços não muda. E, é claro, como a oferta e a demanda monetária permanecem as mesmas, o que muda é a composição da oferta, mas a base monetária permanece a mesma. A quantidade de moeda aumenta e, quando há pressão no mercado de bens, como o mecanismo é instantâneo, as reservas caem automaticamente. Portanto, a quantidade de moeda não é alterada. Na verdade, a verdadeira razão pela qual não há inflação no modelo de conversibilidade, ou seja, há uma taxa de câmbio fixa e ela é respeitada (não violada pela emissão de moeda), tem a ver basicamente com o fato de que, como a quantidade de moeda será definida pela demanda, ela é sempre emitida contra um dólar. E por que esse dólar era recebido? Porque as pessoas queriam ter pesos. Isso quer dizer que o peso tinha demanda e, portanto, o BCRA entregava pesos em troca de um dólar. A oferta e a demanda por dinheiro estavam mapeadas. Assim, se a oferta e a demanda por moeda estiverem mapeadas, não haverá excesso de oferta e não haverá motivo para a perda do poder de compra da moeda. Consequentemente, não há inflação. Por isso a conversibilidade foi o único período bem-sucedido sem inflação na história da Argentina desde o BCRA: a oferta e a demanda de moeda foram mapeadas o tempo todo. Esse é o verdadeiro motivo, e não o fato de a taxa de câmbio ser fixa. Aliás, a Venezuela também fixa a taxa de câmbio, gera brechas gigantescas e teve uma das mais longas hiperinflações conhecidas na história.

O problema não está aí. O problema é que, para fixar a taxa de câmbio, é necessário ajustar a máquina impressora: o dinheiro é impresso somente em relação à moeda cuja taxa de câmbio foi fixada. Por isso não houve inflação durante o período da conversibilidade. Houve um primeiro estágio, até 1993, que demorou vinte meses para que os preços se ajustassem. Ou seja, esses desequilíbrios foram corrigidos em um ano e oito meses. E, a partir de 1993, a Argentina foi o país com a menor inflação do mundo. Uma vez que os preços relativos foram reajustados, fruto da distorção gerada pela política monetária e pelos controles, a economia foi automaticamente colocada em uma trajetória de baixa inflação. É assim que esses modelos funcionam. Se a taxa de câmbio for fixada e a emissão de moeda continuar, o resultado é a perda de reservas. E se os controles forem implementados mediante a perda de reservas, o que se conseguirá é aumentar o excesso de demanda. Eles tentarão reduzir a demanda à força, e isso terá um impacto sobre a taxa de juros, a atividade, o emprego, os salários serão destruídos, haverá mais pessoas pobres, mais indigentes... a mesma história de sempre.

O último modelo é o chamado "padrão de crédito". Nele, basicamente o BCRA determina a taxa de juros, que é nada mais nada menos do que os modelos de metas de inflação. Mas qual é o problema desses modelos? Essa é uma questão técnica, relacionada à âncora nominal, o que requer algumas explicações. Em geral, quando analisamos os livros de macroeconomia, lemos que a demanda por moeda depende do PIB e da taxa de juros nominal. A rigor, isso tem sérios problemas conceituais, porque quando se quer estabelecer um modelo de equilíbrio geral, quando se quer derivar as funções de demanda, isso depende de todos os preços da economia. Portanto, a pergunta é: como saímos disso tudo e chegamos ao ponto em que surgem o PIB e a taxa de juros nominal? Há um salto que as pessoas não internalizaram, o que significa que o problema da âncora nominal não é compreendido e, mais uma vez, muitas bobagens derivam disso.

Demanda e oferta de moeda, preços e âncora nominal

Se tenho uma economia de equilíbrio geral, transpor um modelo micro para o nível macro é um erro teórico grave, herdado da *Teoria Geral* de Keynes. Quando alguém faz microeconomia e o objetivo é o equilíbrio do consumidor, basta acrescentar a renda; é algo aplicável ao nível microeconômico, mas não ao nível macroeconômico. Isso porque o nível macroeconômico não inclui apenas a demanda por bens, mas também a oferta de trabalho para poder comprá-los; portanto, a renda é determinada pela venda de tempo no mercado de trabalho e pela participação nos lucros das empresas. Sendo assim, agora não é mais necessário acrescentar a renda explicitamente, pois ela deriva da venda de tempo, e isso se resolve no mercado de trabalho ou no dinheiro ganho pelas empresas comprando e vendendo bens, das quais se adquirem ações. Então, não haveria razão para acrescentar a renda como argumento de uma função de demanda, uma vez que ela já está definida dentro da própria estrutura de equilíbrio geral. E o outro elemento que também é uma monstruosidade é colocar a taxa de juros nominal, quando, na verdade, a taxa de juros existe porque o tempo existe, não porque a moeda existe, já que a taxa de juros é um mecanismo de coordenação intertemporal, para levar bens do presente para o futuro e vice-versa.

Portanto, a questão é que a taxa de juros é o preço relativo dos bens atuais em relação aos bens futuros. Precisamente, se temos agora um modelo intertemporal que depende de todos os preços, dentro do conceito estão os bens atuais e os bens futuros e, portanto, a taxa de juros está implícita. Não é preciso colocar nem a renda nem a taxa de juros, pois elas estão dentro das funções de demanda que montei. Então, vamos supor que tudo esteja definido em termos de dotações, preferências e tecnologia. Logo, associada a essas produções atuais e futuras, minha demanda por dinheiro já está definida. E dada essa demanda por moeda, que é um conceito real, ela deve ser igual à oferta real de moeda, que é a quantidade nominal de moeda dividida pelo nível geral de preços. Portanto, se a oferta real de moeda deve ser igual à demanda real por moeda, então já tenho a demanda real por moeda; assim, quando defino a quantidade de moeda do Banco Central, estou definindo a escala nominal da economia, pois determino o nível de preços. Por consequência, para definir a escala nominal da economia, preciso ter a oferta monetária. E a âncora nominal da economia é a quantidade de moeda. Explicando de outra forma: o nível de preços é dado pelo quociente entre a oferta de moeda e a demanda por moeda. Assim, se a demanda por moeda é conhecida e aumentarmos a oferta, os preços subirão.

Fica clara a natureza monetária da inflação, apresentada a partir de outra perspectiva. Então, por que o modelo monetário endógeno de "padrão de crédito", mais conhecido atualmente como metas de inflação, tem um problema de âncora nominal? Porque o BCRA não determina a quantidade de moeda, mas, sim, a taxa de juros. Dessa forma, ao definir a taxa de juros, a quantidade de moeda determinará a demanda: dependendo de onde a demanda por moeda cair, isso definirá como a quantidade de moeda oferecida pelo BCRA será ajustada. Qual é o problema? É que, para isso, eu teria de saber a demanda por moeda, mas isso depende das condições atuais e futuras e, portanto, para definir a demanda por moeda, é fundamental ter expectativas de inflação ancoradas. Uma vez ancoradas essas expectativas, posso calcular não apenas os preços relativos, mas também seu nível nominal e, assim, definir a demanda por moeda e, finalmente, posso ancorar o modelo. No entanto, as expectativas de inflação são fundamentais para isso.

Vamos relembrar o que aconteceu durante a crise do *subprime*. Ben Bernanke, ex-presidente do Federal Reserve dos EUA, em todas as suas declarações mencionava a ancoragem das expectativas de inflação, porque nesse modelo a âncora são as expectativas. E isso não é pouca coisa, pois quando Federico Sturzenegger estava no comando do BCRA, ele começou controlando a quantidade de dinheiro e depois passou para um modelo de metas de inflação. Ao mudar para um modelo de metas de inflação, a ancoragem das expectativas tornou-se fundamental. E nessa ancoragem das expectativas, em 28 de dezembro de 2017, Marcos Peña, Chefe de Gabinete, Nicolás Dujovne, Ministro da Economia, e Luis Caputo, Ministro da Fazenda, como não concordavam com a política monetária e com as metas estabelecidas, retiraram a ancoragem em um ataque à institucionalidade e à independência do BCRA, mudando as metas do BCRA desde a base, isto é, em sua política. As expectativas de inflação foram então desancoradas e a demanda por dinheiro entrou em colapso. Em seguida, começaram a defender a taxa de câmbio vendendo dólares.

Ainda há aqueles que me dizem: "Mas você previu que haveria uma inflação que nunca aconteceu". Ah, é? Sério? Estão me cobrando? Vejamos: dada a quantidade de dinheiro na base monetária da Argentina e, considerando a taxa de câmbio paralela, eu poderia resgatar toda a base monetária com 13 bilhões de dólares[10]. Se eu resgatar toda a base monetária, se eu retirar todo o dinheiro, não haverá mais inflação. Vimos isso na economia de troca. Em outras palavras, não pode haver inflação, porque o peso desapareceu. Pode haver uma mudança nos preços relativos que faça o dólar valer mais ou menos, se eu decidir me vincular ao dólar. Mas eu poderia dizer que a moeda não é o dólar, mas

---

10. Os números e valores expressos ao longo deste livro estão relacionados à época em que as conferências e palestras foram realizadas. Naturalmente, com os saltos bruscos da economia argentina, esses números mudam constantemente, mas, de qualquer forma, isso não é um obstáculo para entender tanto a ideia apresentada quanto as possibilidades para sua execução.

o euro, o iene, a libra esterlina ou qualquer outra moeda que possamos imaginar. Tirei a faca do macaco assassino do BCRA que depende dos políticos ladrões argentinos. Nesse contexto, o BCRA perdeu em torno de 22 bilhões de dólares em 2018, entre o montante concedido pelo Fundo Monetário Internacional (FMI) para resgatar as LEBACs, ou "Letras do Banco Central" (15 bilhões de dólares), e o total perdido de suas próprias reservas (7 bilhões de dólares). Ou seja, toda a base monetária poderia ter sido limpa e não haveria mais inflação. Aliás, alguém pode me explicar o descaramento dos políticos em aprovar um orçamento com um *déficit* de 35 bilhões de dólares sendo que, com esse dinheiro mais as reservas internacionais líquidas, todos os passivos do BCRA (base monetária e LELIQs) poderiam ser resgatados? Basicamente, aqueles que dizem que a dolarização não é possível são verdadeiros vigaristas a serviço de políticos ladrões.

Outras bobagens para explicar a inflação

Uma vez descartados esses mecanismos "não monetários", que de "não monetários" não têm nada, mas todos têm a ver com a quantidade de moeda, há outros casos mencionados como "teoria da inflação". Um deles é a inflação de custos, que é um derivado ou está relacionado ao caso do "padrão mercadoria" ou do "padrão trabalho". Já analisamos o conflito distributivo anteriormente. O conflito distributivo é um modelo de inflação de custos. Suponhamos que haja o produto A e o produto B, que podem ou não utilizar o mesmo insumo em sua produção. Por algum motivo, o insumo utilizado para o produto A se torna mais caro e, assim, sua curva de oferta se retrai, pois com custos mais altos, a oferta diminui porque o lucro é menor, então a curva de oferta encolhe. Agora, vamos supor que exista um conjunto de consumidores teimosos que não querem parar de consumir esse produto de forma alguma. Então, com a demanda, você está validando um nível de preço mais alto para A (que pode ser o pão, por exemplo). Agora, na medida em que você gasta mais dinheiro com A (pão), isso significa que você vai gastar menos com outras coisas (roupas, por exemplo); portanto, o preço das roupas deve cair, porque as pessoas não terão dinheiro para pagar por elas. Se você está gastando mais com pão, gastará menos com roupas e, assim, a produção de roupas diminuirá. Só pode haver inflação se o BCRA emitir dinheiro e fizer com que o preço de B não caia e, consequentemente, o preço de A suba ainda mais. Não há inflação de custos, mas, sim, um rearranjo de preços relativos validado monetariamente. Assim, os termos são redefinidos de forma a gerar conclusões erradas. Dizer que a inflação é a perda do poder de compra do dinheiro e dizer que todos os preços estão subindo não é a mesma coisa. A primeira ideia nos diz que o problema é o Banco Central, enquanto na segunda será necessário perseguir empresários, trabalhadores, sindicalistas, culpar a guerra, as empresas petrolíferas e até o clima. Outra questão é a da inflação inercial, isto é, há inflação porque houve inflação antes, e os preços sobem porque subiram antes. Então, faço um exercício. Proponho que voltemos ao final do século XIX, quando as pessoas usavam velas para iluminar os ambientes. Poderíamos dizer que as velas eram o padrão de iluminação daquela época e que, como o preço já havia subido antes, vai subir hoje e, portanto, amanhã também vai subir. Agora, vamos supor que um homem chamado Thomas Edison (1847-1931) inventa a lâmpada. Alguém pode me dizer o que devo fazer com as velas? O preço das velas cai drasticamente. Alguém pode mencionar a inércia. A piada está pronta. Não existe inércia; o que existe é a defasagem da política monetária. Se eu emitir moeda hoje, o impacto aparecerá em 24 meses, mas isso não é inércia. Essa questão de renomear as coisas e dar a elas um nome que funcione para os políticos fez com que a Argentina deixasse de ser o país mais rico do mundo para ser o 140º (na taxa de câmbio paralela) no ranking mundial do PIB per capita. De país mais rico, hoje temos 40% de pessoas pobres, 10% de indigência e o segundo menor salário em dólares da região (à frente apenas da Venezuela). Esse hábito de renomear as coisas é coisa de socialista. Quando pensamos, pensamos em termos de como falamos, e se os termos são redefinidos, teremos uma bagunça em nossas cabeças e pensaremos qualquer coisa. Portanto, se entendo que a inflação é a perda do poder de compra do dinheiro, enfrento o BCRA. Porém, se acredito que a inflação é o aumento generalizado dos preços, então me direciono aos "formadores de preços" e começo a controlar os preços, o que é uma invasão do direito de propriedade e gera escassez. Há mais de 4 mil anos de evidências empíricas. Desde 2800 a.C., sabemos que esses "experimentos" não funcionaram. O caso mais drástico, o de Diocleciano (c. 243-c. 312), não funcionou. Nunca funcionaram em lugar nenhum, e o melhor exemplo é a Argentina, que sempre teve inflação desde a abertura do BCRA, exceto durante a conversibilidade, o único momento em que não houve controles.

Portanto, a inflação inercial não existe. Se não houver validação da demanda com emissão monetária, ela não acontece. Obtemos o preço quando a demanda paga por ele. Posso dizer que minha palestra custa 250 milhões de dólares, mas ninguém paga por ela. Isso não é preço. Preço é o valor pelo qual vendi meu serviço ou produto na prática.

Lembro-me de uma anedota maravilhosa do economista Juan Carlos de Pablo. Um homem entra em um bazar e diz: "Eu quero esse vaso". O vendedor responde: "Bem, são 100 mil pesos", e o homem pergunta: "Como 100 mil pesos se custa 20 mil pesos do outro lado da rua?". Então, o vendedor diz: "Bem, vá e compre lá então", e o senhor retruca: "Não, não tem mais do outro lado da rua". Nesse momento, o vendedor lhe diz: "Bem, quando não houver mais aqui, eu também o venderei por 20 mil pesos". Em outras palavras, o preço é o preço do que existe. Por isso, o preço do dólar não é a taxa de câmbio oficial, mas o preço pelo qual é de fato obtido no mercado. E esse é o câmbio paralelo.

Lembro-me de uma das críticas que recebi quando propus a dolarização. Disseram que eu queria levar o salário a tanto... É claro que eles pegaram o salário e o dividiram pela taxa de câmbio paralela. E me acusaram dizendo que isso era prejudicar as pessoas, ao que respondi que não, que isso era nada mais nada menos do que ser realista. Calcular com a taxa de câmbio oficial é como trapacear.

Outra coisa de que se fala é a "inflação de expectativas". O que seria isso? Há expectativas de inflação, a demanda da moeda cai, e essa queda faz com que o dinheiro perca poder de compra, ou seja, um nível de preços mais alto é validado. Porém, as expectativas de inflação não surgem do nada nem é algo que alguém inventa, pois se essa pessoa pensar que houve mais inflação e não houve mudança nas condições monetárias, ela perderá dinheiro. Alguém lança um produto e, acreditando que haverá, por exemplo, 500% de inflação, e a inflação é de 100%, vai precificar o produto em seis pesos quando deveria ser dois pesos; dessa forma, não vai vender nada e vai à falência.

As expectativas não nascem em árvores. No caso das expectativas racionais, elas nascem de tudo o que tem a ver com o mercado monetário. Quando olhamos para a quantidade de dinheiro emitida no passado e as defasagens da política monetária, temos um problema com o passado. Quando observamos o montante que estamos emitindo hoje com o atual *déficit* fiscal, temos um problema com o presente. E quando olhamos para a bola de neve gigante de defasagens, temos um problema com a emissão monetária no futuro. Se isso também ocorrer em um contexto de controles no mercado de capitais, com uma demanda inflada por dinheiro, tudo nos leva a crer que a oferta de moeda explodirá e a demanda cairá... Então, onde vamos parar? Como se chama isso? Hiperinflação.

ELIMINACIÓN DEL BCRA

1. PRIMERO LOS DATOS
- EVOLUCIÓN INFLACIÓN
- EFECTOS INFLACIÓN
- CTO ∧ DIST.

2. NATURALEZ MONETARIA
- ORIGEN DEL DINERO
  - DOBLE COINCIDENCIA
  - INDIVISIBILIDAD

- BIEN DE INTERCAMBIO INDIRECTO ⇒ ORO x PLATA

- EC. ORO ∧ π
  - FALSIFICACIÓN
  - ESTAFA

3. INSTITUCIONALIZACIÓN ESTATAL
- CURSO FORZOSO: GÉNOVA

4. FUNCIONES DEL DINERO
- RESERVA DE VALOR
- UNIDAD DE CUENTA
- MEDIO DE PAGO GRAL

>> PARTE 2 <<

O fim da inflação

*Seminário no Teatro Broadway em
Buenos Aires, 12 de setembro de 2022*

ECONOMIA SEM BANCO CENTRAL

Alberto Benegas Lynch

Doutor em Economia, presidente do departamento de Ciências Econômicas da Academia Nacional de Ciências e membro da Academia Nacional de Ciências Econômicas. Professor em cinco cursos (Ciências Econômicas, Direito, Engenharia, Sociologia, Filosofia e Literatura) na Universidade de Buenos Aires (UBA). Reitor da UBA durante 23 anos, onde agora é Professor Emérito. Presidente do Conselho Acadêmico da Fundación Libertad y Progreso.

Desde a primeira edição do meu livro *Fundamentos de Análisis Económico* ["Fundamentos da Análise Econômica", em tradução livre] em 1972, tenho insistido no tema do banco central, que gostaria de desenvolver com os senhores agora. Em 1985, na reunião anual da Associação Argentina de Economia Política, em Mendoza, insisti nesse assunto, e insisti nele quando entrei para a Academia Nacional de Ciências Econômicas.

Em suma, tenho me aprofundado nessa questão, que considero crucial discutir com todos os senhores nesta noite. Afinal, quando se fala em banco central, é importante entender que há apenas três possibilidades ou três caminhos que os banqueiros centrais podem seguir: quanto expandir, quanto contrair ou quando igualar a oferta monetária. Mesmo que sejam banqueiros muito competentes, idôneos e muito decentes, eles estão encurralados em uma dessas três saídas. Qualquer uma dessas três maneiras afeta os preços relativos e, como todos sabem, os preços relativos são os únicos indicadores que os *traders* possuem para entender, analisar e decidir quando investir e quando não investir.

De maneira que, se houver uma distorção ou desconfiguração dos preços relativos, haverá má alocação de recursos, redução do capital e, portanto, um declínio dos salários e o aumento da pobreza. Agora, podemos fazer uma espécie de suposição contrafática e dizer: "E se os banqueiros centrais forem realmente independentes do Tesouro, do Ministério da Fazenda, do Congresso ou do próprio presidente?". Bem, como diz o vencedor do Prêmio Nobel de Economia, Milton Friedman: "Eles se equivocarão de qualquer forma". Não há saída. Não tem jeito. E se alguém dissesse: "Bem, e se os banqueiros centrais tiverem algum tipo de bola de cristal e fizerem a mesma coisa que as pessoas fariam?". A resposta é: por que diabos eles se meteram nisso, se farão a mesma coisa que as pessoas comuns fariam? A única maneira de saber o que as pessoas querem é deixar que elas se expressem. Por isso, o vencedor do Prêmio Nobel que acabei de mencionar, em suas palestras em 1973 em Israel, reunidas no livro *Money and Economic Development* ["Dinheiro e Desenvolvimento Econômico", em tradução livre], disse: "Todo o problema do que nós, economistas, chamamos elegantemente de inflação é, na verdade, uma fraude brutal e será resolvido se não tivermos um Banco Central".

Em seguida, Friedman passou por alguns outros estágios, mas, finalmente, em seu livro *Money Mischief* (1992) ["Paradoxos do Dinheiro", em tradução livre], afirmou: "O dinheiro é uma questão importante demais para ser deixada nas mãos dos banqueiros centrais". Hayek havia aberto uma linha de pesquisa muito interessante em um livro de 1976 do Institute of Economic Affairs, *Desestatização do Dinheiro*. Como? A privatização do dinheiro? Hayek diz que sim: "Estamos no fetiche de dizer que o dinheiro deve ser administrado pelo próprio dinheiro. Demoramos duzentos anos para perceber o erro e o horror de vincular a religião ao poder político. Esperemos que não demore mais duzentos anos para percebermos o erro e o horror de vincular a moeda à mal denominada autoridade monetária".

Outro vencedor do Prêmio Nobel de Economia, Gary Becker (1930-2014), também destacou o que Hayek disse. E no caso argentino, diante de todos os maus exemplos que temos, talvez possamos mencionar um exemplo bom, e não ter essa mentalidade fechada com teias de aranha que nos invadem, sair da questão do status quo conservador, ver um pouco mais longe e não cair na na falácia *ad populum* (se ninguém faz, é errado; se todo mundo faz, é certo). Por esse critério, nossos ancestrais não teriam ido além do porrete e da tanga, pois o arco e a flecha eram algo novo e não haviam sido testados ainda.

Quando falamos em eliminar o Banco Central e permitir que as pessoas escolham seu ativo monetário, eventualmente no contexto argentino e em outros contextos semelhantes, grande parte das pessoas já está familiarizada com o dólar, portanto, é possível que elas escolham o dólar no primeiro estágio. E, às vezes, nesse sentido, dizemos de uma forma um tanto leve, "dolarizar". Não se trata estritamente de dolarização, mas de eliminar o curso forçado, eliminar o banco central e permitir que as pessoas escolham sua moeda. E se elas escolherem o dólar em um primeiro momento, que seja bem-vindo; mas ao abrir o espírito criativo, liberando a energia criativa, outros bancos, outras instituições criarão outras coisas, porque devemos ter em mente que, se atribuirmos o problema local ao banco central estrangeiro, como o Federal Reserve, haverá uma questão de grau entre o peso argentino e o dólar, mas não de natureza. Estamos presos no mesmo problema.

Lembremos que nos Estados Unidos, quando o banco central foi criado, falava-se da revolução do ano 13, por volta de 1913, e foi necessária uma emenda constitucional para que o Federal Reserve surgisse. Portanto, sabemos que os Estados Unidos, infelizmente, se afastaram muito dos pais fundadores, se afastaram muito dos valores e princípios extraordinários dos pais fundadores, aumentaram os gastos, os *déficits*, a dívida e agora também tem problemas monetários. Escrevi meu livro *Estados Unidos contra Estados Unidos* (2008) para mostrar esse declínio, por isso temos de estar atentos.

Mas, no futuro, não sabemos se as pessoas vão preferir uma cesta de moedas, metálicas ou outra coisa. Temos de deixar o processo aberto, e não ser imposto pelos banqueiros centrais, porque sabemos que o conhecimento não é um porto, mas uma navegação. Por isso, costumo citar o lema da Royal Society of London, que é *Nullius in verba*, ou seja, não há palavras finais; estamos sempre criando novos paradigmas e processos.

É importante ressaltar que, quando falamos de inflação, estamos falando de processos exógenos, alheios ao mercado, políticos, e não fatores endógenos, que o mercado prefere. A inflação não está produzindo um aumento geral de preços, como se costuma dizer; se fosse geral, não haveria problema com a inflação. Eventualmente, se a inflação fosse de 50% por semana, você teria de carregar dinheiro em um carrinho de mão, modificar as colunas dos livros contábeis, as calculadoras, mas não haveria essa angústia e desajuste entre preços e salários. Portanto, o efeito da inflação é a distorção dos preços relativos, e esse é um fenômeno exógeno. Isso não significa que nós, no mercado, decidimos aumentar e expandir a oferta monetária como consequência endógena. Como na época do padrão-ouro, quando as pessoas davam mais valor à unidade monetária, o poder de compra aumentava e, portanto, elas sinalizavam aos produtores desse metal dourado para que aumentassem a produção: essa é uma quantidade de moeda aumentada de forma endógena pelo processo de mercado.

Já foi dito, de forma muito equivocada, que o dinheiro é um bem público. Pessoas lamentavelmente mal informadas, pois a característica central de um bem público é a não rivalidade e a não exclusão, características que o dinheiro não possui. Isso significa que a externalidade está sendo internalizada nas transações individuais.

Outro vencedor do Prêmio Nobel de Economia, James Buchanan (1919-2013), disse que há um debate com os sistemas bancários: o sistema de *free banking* (não digo aqui "sistema bancário livre" porque tem outro significado técnico em economia) versus a reserva total em contas correntes ou equivalentes (porque sabemos que as contas de prazo fixo têm zero reservas obrigatórias; mesmo que haja vendas no mercado secundário, meu argumento sobre zero reservas obrigatórias se mantém). Mas no sistema fracionário temos uma produção monetária secundária, exógena ao mercado, que está distorcendo os preços relativos.

Faço um esclarecimento aqui, um tanto óbvio, mas há uma diferença muito grande entre a linguagem acadêmica e a linguagem política. Na linguagem política, fazemos o que podemos, mas na linguagem acadêmica, o que estamos dizendo, no caso do banco central, é que é muito importante mudar o foco do debate, para que os políticos possam se expressar de uma forma diferente da usual e possam abordar diferentes pontos que foram abertos no campo da educação. Portanto, no campo acadêmico, temos que manter o nível alto para atingir esses objetivos. Em relação a isso, os senhores devem ter visto que há muitos colegas aqui, e ainda ouvirão alguns deles esta noite, que fizeram propostas, todas bem-vindas e todas com a melhor das intenções para eliminar o flagelo da inflação, e muitas delas não divergem entre si. Publiquei um artigo no qual proponho seis medidas para eliminar o curso forçado e o banco central, que não cabe aprofundar agora. Mas temos de entender que há diferentes nuances entre nós e, como já disse quase *ad nauseam*, nós, liberais, não somos uma manada e detestamos o pensamento único. Portanto, há diferentes canais para explorar diferentes possibilidades.

Como tenho muito pouco tempo para ter o prazer de falar com os senhores, encerro com esta pequena análise ou "comentário telegráfico", o qual espero que esta noite soe como um imenso trovão nesta sala, um imenso trovão de energia, e é de Martin Luther King (1929-1968), que diz: "O que me preocupa não é o grito dos maus. É o silêncio dos bons". Muito obrigado.

CONCORRÊNCIA DE MOEDAS COM O BANCO CENTRAL

Domingo Felipe Cavallo

Ex-presidente do Banco Central da República Argentina, ex-deputado federal e Ministro da Economia do país em duas ocasiões.

O sistema monetário de uma economia que tem como objetivo ser estável e eliminar a inflação persistente nunca pode garantir que não haverá inflação ou deflação, mas pode tentar garantir que o sistema assegure a estabilidade do nível geral de preços e das taxas de inflação, se houver, ou taxas de deflação muito limitadas, moderadas e transitórias. Esse deve ser o objetivo de um bom sistema monetário. Mas não é possível existir um bom sistema monetário em uma economia totalmente desorganizada. Por isso, sempre que falo sobre um plano de estabilização, começo dizendo que ele precisa ser definido desde o início pelos responsáveis por anunciar e implementar o plano e, é claro, estabelecer a liderança política por trás dele e como a economia será organizada para o futuro.

Nesse sentido, é fundamental distinguir entre o papel do setor público e sua forma de tomar decisões (o que é chamado de sistema de orçamento público) e o papel do setor privado e as formas de tomar decisões nos mecanismos de coordenação para o setor privado, que são os mercados livres e transparentes, sem intervenção do Estado. Esse princípio básico de organização econômica deve ser refletido tanto no discurso do líder político que apoia as transformações a serem feitas na economia quanto no dos responsáveis pela implementação do plano de estabilização e, principalmente, da reforma monetária. É inimaginável pensar em estabilização ou reforma monetária para uma economia que ainda está em desordem, por exemplo, com um setor público totalmente desequilibrado, com um *déficit* significativo e com um nível de gastos públicos impossível de ser financiado, em que, ao mesmo tempo, o Estado interfere e tenta intervir em muitos dos mercados da economia com controles e intervenções discricionárias; é impossível que uma reforma monetária e um plano de estabilização sejam bem-sucedidos sob tais condições.

Por isso, insisto que o ponto de partida para um governo que pretende estabilizar a economia deve ser definir muito bem as regras da economia, mesmo que não seja possível implementar todas as mudanças desde o início. Mas elas devem ser esclarecidas e explicadas para que as pessoas as entendam, e deixar que os preços relativos alcancem o nível de equilíbrio entre oferta e demanda, removendo todos os controles e intervenções governamentais nos mercados em que o setor privado opera.

Ao mesmo tempo, é essencial comprometer-se com uma redução muito significativa nos gastos públicos, que permita eliminar o *déficit* fiscal de forma estrutural e sustentável ao longo do tempo, o que requer uma reforma muito profunda do Estado em todos os três níveis: nacional, provincial (estadual) e municipal. Se essas questões forem tratadas com antecedência e os agentes econômicos e as famílias estiverem convencidos de que haverá progresso até que todas as reformas sejam concluídas, será possível implementar um plano de estabilização precedido pela reforma monetária. Não se pode pensar em reforma a partir de mercados de câmbio com intervenções e controles cambiais, não apenas comerciais, mas até mesmo de todos os tipos de transações. E em uma economia como na Argentina hoje, não existe um livre mercado que permita a entrada de capital estrangeiro. Portanto, devemos avançar em direção à unificação e à liberalização do mercado de câmbio, mas isso deve ser feito de modo a não desperdiçar as reservas; em vez disso, no processo de unificação, devemos garantir que as reservas se acumulem, não por meio do endividamento do Banco Central ou do governo, mas por meio da entrada de capital. Quando temos as condições adequadas para unificar o mercado de câmbio, esse pode ser o ponto de partida para um plano de estabilização, desde que já tenhamos avançado muito na eliminação do *déficit* fiscal por meio da redução dos gastos públicos, na liberação de todos os preços da economia e na eliminação dos subsídios que distorcem os preços. Nesse ponto, o lançamento do plano de estabilização, sem dúvida, exigirá a estabilização do preço do dólar.

Não conheço nenhum plano, saindo de uma economia muito desorganizada, que não tenha começado com a reforma monetária e a estabilização do dólar, sobretudo em uma economia muito acostumada a lidar com dólares, em que as pessoas economizam em dólares e se lembram dos preços das coisas em dólares.

Em resumo, o dólar sempre desempenhará um papel fundamental e, se você continuar mantendo a moeda local e pretende conduzir a política monetária com a moeda local, a primeira coisa a fazer é estabilizar o preço do dólar de forma permanente. Como fazer isso? Bem, há diferentes alternativas. Uma delas é a conversibilidade de 1991, ou seja, fazer com que a moeda local funcione por meio de uma "*caja de conversión*", uma espécie de comitê monetário, por meio do qual o dinheiro só pode ser emitido mediante a entrada de dólares no Banco Central. Outra forma poderia ser a dolarização completa da economia, isto é, praticamente eliminar a moeda local e adotar o dólar como moeda. E a terceira, que é a opção que eu escolheria, é tentar fazer com que a moeda local coexista com o dólar, em que as duas moedas desempenhem o mesmo papel e cumpram as mesmas funções, e permitir a concorrência entre elas. É claro que, para que a moeda local tenha alguma demanda, será imprescindível que o processo de eliminação do *déficit* fiscal já esteja avançado e que as pessoas vejam que não será mais necessário emitir essa moeda de forma descontrolada, e também que o sistema de preços relativos tenha sido ajustado. Esse sistema funcionou e continua funcionando muito bem no Peru. Não descarto que esse seja o sistema que deveremos ter futuramente na Argentina. Mas também não descarto que, para garantir que não haverá nenhum tipo de emissão para financiar *déficits* fiscais, simplesmente optaremos por uma dolarização completa da economia. Tampouco descarto a possibilidade de que um regime de conversibilidade como o de 1991 possa produzir o mesmo resultado.

Quero esclarecer algo sobre a conversibilidade: ela coexistiu com a dolarização, porque o uso do dólar não foi proibido, portanto, era um sistema bimonetário no qual o peso era lastreado em dólares e, por algum tempo, teria uma paridade fixa com o dólar, e as pessoas eram livres para escolher entre o peso e o dólar. No entanto, é preciso ter em mente que a moeda é uma coisa e o sistema financeiro é outra. Essa é uma questão muito relevante, sobretudo quando a lei argentina foi totalmente desacreditada pela validação da "pesificação" compulsória de 2002 pela Suprema Corte. As pessoas não veem a lei argentina como suficientemente protetora dos direitos de propriedade. Portanto, pensar que o sistema financeiro pode ser administrado com uma moeda como o dólar, mas dentro de um regime de uma lei nacional tão desacreditada, é um pouco utópico. Por isso, é necessário pensar com muito cuidado sobre como se organiza o sistema financeiro. Demoraria muito tempo para falar sobre esse ponto, mas conheço alternativas como as propostas pelo pessoal do CEMA (Centro de Estudos Macroeconômicos da Argentina), sobre recorrer à legislação estrangeira, e aquelas propostas por Milei, que pensa o mercado financeiro de uma forma totalmente diferente, com base nas ideias de banco limitado ou na ideia de separação da função monetária estritamente do sistema bancário e da intermediação financeira. Encerro por aqui e tenho certeza de que, nesta série de palestras, muitas coisas que estamos dizendo se complementarão e teremos uma ideia clara de como estabilizar nosso país.

TRÊS OPÇÕES PARA UM BANCO CENTRAL INDEPENDENTE

Federico Sturzenegger

Ex-presidente do Banco Ciudad, ex-presidente do Banco Central da Argentina, professor titular da Universidade de San Andrés e professor adjunto da Universidade de Harvard.

G ostaria de começar com um agradecimento pessoal a Javier Milei pelo convite. Vocês sabem que Javier sempre me apoiou muito em meu trabalho no Banco Central, e ele nem gosta de bancos centrais, então isso é muita coisa. Essa generosidade na função pública é duplamente valiosa, porque é bastante rara. Mas, na verdade, quero agradecer-lhe como cidadão. Trabalhei na política durante anos, fui deputado federal, e era muito difícil defender as ideias de liberdade. Eles me chamavam de extremista, era o que costumavam dizer; nada além disso. E acredito que Javier, praticamente sozinho no início e agora com o apoio de todos vocês, tem movimentado esse jogo, tem equilibrado o debate político na Argentina. E isso é muito bom, porque há muitas pessoas no país que acreditam na liberdade. No meu caso, quando liberei o cepo cambial, fiz isso por motivos econômicos. Pensava que, para o crescimento de uma economia, era essencial que as pessoas pudessem decidir o que fazer com seus próprios recursos, que pudessem depositar o dinheiro e sacá-lo. Mas principalmente por uma questão de liberdade econômica.

Há um economista indiano, Amartya Sen (1933), que em 1999 escreveu um livro chamado *Desenvolvimento como Liberdade*, no qual ele diz que o que caracteriza uma sociedade desenvolvida é a liberdade: a liberdade de escolher, a liberdade de escolher o que ver, o que ler, quem amar. Ele dizia que podemos discutir muitas coisas sobre o mercado, mas o fato de podermos comprar e vender livremente faz parte dessa liberdade, e as sociedades desenvolvidas são aquelas que cultivam essa liberdade. Por isso, eu gostaria de agradecer a Javier como cidadão, por cultivar essas ideias que têm sido disseminadas, especialmente entre os jovens.

De qualquer maneira, ele me convidou para falar sobre inflação. E eu quero falar sobre bancos centrais. Vocês sabem que, se voltarmos ao século XIX, não havia bancos centrais, as pessoas usavam algo como ouro; o ouro era o dinheiro. Mas quando se usava ouro ou prata como dinheiro, havia um problema, pois surgia muito ouro, e isso gerava um processo inflacionário muito grande no mundo. Por exemplo, quando os espanhóis chegaram à América, descobriram uma grande quantidade de ouro e prata, o que gerou inflação. Depois houve momentos em que a economia crescia e nenhum ouro era descoberto, então houve um processo recessivo e deflacionário muito grande. Por consequência, as pessoas diziam que era um absurdo que a quantidade de dinheiro em uma economia fosse determinada pela quantidade de depósitos de ouro que encontrávamos: por que não criamos uma instituição chamada Banco Central, que regulará a quantidade de dinheiro para que a inflação seja relativamente baixa e estável? Bem, assim nasceram os bancos centrais. E eu diria que os bancos centrais fizeram um trabalho muito bom. Embora, se olharmos para a Argentina, não foi o que aconteceu aqui, mas, no resto do mundo, sim. Agora, esse trabalho muito bom, basicamente de inflação baixa e estável, tem uma grande inovação, que é o fato de ser realizado por bancos centrais que são independentes e, portanto, podem se concentrar nesse objetivo e ter credibilidade nesse objetivo. Em todo o mundo, essa é uma verdade muito arraigada, muito estabelecida e não contestada. Novamente: exceto na Argentina. Ou seja, na Argentina continuamos discutindo que o Banco Central deve ser coordenado junto com o Tesouro, e coisas assim, sem entender que ele precisa ser independente. E lembrem-se de que tenho experiência para falar sobre este assunto.

Então, como podemos tornar o Banco Central independente? Javier diria: como vamos arrancar o Banco Central das garras dos políticos? Para mim, há três opções: uma é fazer isso por lei, e essa é a que defendi por muito tempo; a outra seria a dolarização; a terceira seria fazer uma união monetária com outros países (muitos europeus fizeram isso, por exemplo, os italianos e os gregos). Cheguei à conclusão de que tudo o que fizermos unilateralmente não será suficiente. Por exemplo, Domingo Cavallo, a quem vocês ouviram há pouco, entre 1991 e 2001 fez com que a Argentina tivesse um regime de câmbio fixo com o dólar, e a inflação foi baixíssima (na verdade, houve deflação). Por que isso foi possível com a conversibilidade? Porque Cavallo, naquela época, tornou o Banco Central totalmente independente. Funcionou. Testamos aqui e funcionou. Mas agora, o que aconteceu? Veio o kirchnerismo e disse que não seria mais independente. Eles mudaram a lei e o tornaram não independente. Aqui, uma lei não é suficiente para tornar o Banco Central independente.

A dolarização e a moeda comum são mais difíceis. Por exemplo, reverter a dolarização não é fácil. O exemplo que eu gostaria de dar é que, há muitos anos, o Equador dolarizou a economia e, depois, chegou um presidente muito contrário à dolarização, Rafael Correa, e não se atreveu a desfazê-la. Mas uma moeda comum também não é fácil de ser desmantelada. O exemplo que eu gostaria de dar é o da Grécia, que em 2008-2009 passou por uma crise muito grande, e diziam ao presidente, Alexis Tsipras, para sair da moeda comum, e ele também não ousou fazer isso. Também é muito difícil sair da moeda comum. Se me perguntarem, creio que na Argentina a dolarização é mais unilateral do que a moeda comum, porque você dolariza, tem todos os dólares, e um dia um político virá e dirá: "Que bom que temos todos esses dólares. Por que não os trocamos por pesos e eu fico com os dólares?". Esse é um risco latente.

Por outro lado, se fizermos uma união monetária com o Brasil, por exemplo, também nos livramos do Banco Central, porque passa a ser algo que não depende mais da Argentina. Portanto, acho que uma moeda regional comum seria adequada. E há duas outras questões específicas pelas quais eu tendo a gostar mais da moeda comum: ela permitiria acomodar e ajustar alguns preços, e se essa moeda regional pudesse fazer esse trabalho, seria muito bom; e na dolarização você tem que comprar notas, o que também é um custo que pode ser evitado se você fizer parte de uma união monetária, que cumpre o objetivo de tirar o Banco Central do radar dos políticos, e sem esse custo.

Eu concluiria com a seguinte reflexão: Javier está conseguindo mudar o jogo e promover as ideias de liberdade, e essa é uma contribuição extraordinária que ele fez para esta sociedade. Creio que ele também está ajustando as coisas à necessidade de independência do Banco Central, o qual pode ocorrer por meio de qualquer uma das visões que falamos aqui: a lei, a dolarização ou a moeda comum. Nesse sentido, que é mais limitado do que o da liberdade, tenho certeza de que Javier, com o apoio de todos vocês, também será capaz de mudar o rumo do país, e isso nos permitirá ter um Banco Central independente no futuro, o que resultará em inflação mais baixa e maior bem-estar para todos os argentinos.

UM SISTEMA DE ESTABILIZAÇÃO INTEGRAL

Diana Mondino

Economista, professora da Universidad del CEMA, diretora do Banco Roela, diretora da Loma Negra, diretora da Bodegas Bianchi e membro da Fundação Banco de Alimentos.

Muito obrigada pela apresentação, mas começamos mal: o senhor se esqueceu de dizer que sou avó e que estou aqui pelo meu neto, porque a bagunça que temos hoje não vai ser resolvida com tanta facilidade nem em pouco tempo, mas ele, que tem dois anos de idade, talvez consiga ver isso se todos nós começarmos a trabalhar desde já.

Estamos aqui para falar sobre como resolver a questão da inflação, mas não basta resolver a questão da inflação sem considerar que qualquer plano de estabilização deve ser acompanhado de crescimento. Há muitos países no mundo que não têm inflação, mas também não têm crescimento. Portanto, não se trata apenas de inflação: precisamos reduzir a inflação e ter um plano de crescimento. A Argentina não cresce há quase quinze anos, pelo menos em termos de PIB per capita, e é crucial mudar isso.

Na Argentina, temos o grave problema de que o Estado é grande demais e sobrecarrega o setor privado. Vocês já sabem de tudo isso. Caso contrário, não estaríamos aqui. O que temos é o que chamamos de dominância fiscal, e o que é necessário é criar um novo regime monetário, mas também um novo regime fiscal, um novo sistema de taxa de câmbio e, acima de tudo, uma política de receita. O que é isso? Salários e preços. Porque se hoje a economia fosse estabilizada num passe de mágica e ficássemos com esses salários...

São quatro elementos que devem andar de mãos dadas. É por isso que é tão difícil resolver a inflação, por isso é preciso um plano drástico, por isso todos esses elementos devem ser considerados simultaneamente. Não se trata apenas de parar de imprimir dinheiro para o Tesouro. Não se trata apenas de eliminar o *déficit* que o próprio Banco Central tem, por causa das LELIQs, que geram mais e mais emissões a cada dia. É necessário trabalhar em todos esses elementos simultaneamente. Mas quando a estabilização é alcançada, se for rápida, abrupta e eficiente, ela gera vencedores e perdedores, dependendo do lado em que estiverem. Imagine se a inflação fosse eliminada hoje. E a pessoa que assinou um contrato ontem para um empréstimo a 80% ao ano, o que ela fará? Continuará pagando 80%? Ou o contrário: concedeu empréstimo a prazo fixo de 80%. Ele vai receber 80% se a inflação acabar? Isso gera uma série de mudanças muito importantes. Muitas empresas ficarão de pé, dependendo de como conduzem os negócios. Elas irão ganhar ou perder, independentemente de sua capacidade de inovar, independentemente de sua capacidade de gerenciar os talentos que possuem, gerenciar novos mercados, de fazer o melhor produto ou o melhor marketing. Isso pode se tornar um sistema injusto, em que o simples fato de conter os preços não é necessariamente bom para a economia. Por isso, reduzir a inflação e tentar levá-la a zero não é um processo mágico. E nem o Javier nem nenhuma das pessoas que ouvimos aqui antes acreditam em mágica. Mas muitos eleitores acreditam.

Então, temos de explicar que esse é um processo que exigirá muitíssimos ajustes e muitíssimas mudanças de diferentes tipos. O que precisamos é levar em conta todos esses elementos. Principalmente no sistema financeiro. Hoje temos um sistema financeiro preso ao Banco Central: ele é obrigado a emprestar ao Banco Central, e o que ele empresta é o dinheiro depositado das pessoas. Então, se alguém quiser resolver o problema do *déficit* do Banco Central e diz "está bem, não vou pagar", será uma espécie de "Guzmán 2"[11], que disse "vamos adiar o pagamento por dois anos". A pessoa dirá aos depositantes "voltem daqui cinco anos"? Estamos dizendo que não é possível pagar? Nem mesmo um "corralito"[12].

Por isso, temos de deixar claro, em todo esse processo, que as dívidas que existem na Argentina precisam ser pagas. Porque se não forem pagas, na verdade, a pessoa que não está sendo paga é a sua avó, o aposentado logo ali na esquina, a poupança que você fez para sair de férias. Ou seja, são dívidas que não podem ficar pendentes. O sistema financeiro deve ser capaz de pagar os depositantes. Esquecemos esse fator toda vez que alguém diz: "Vamos estourar o saco de LELIQs". Lembram-se de que Alberto Fernández fez campanha dizendo que, em vez de pagar os juros, ele daria o dinheiro aos aposentados? E alguém disse: e os depositantes? Ou este senhor não entende nada ou é um mentiroso (as duas coisas). E há outra questão que também é muito importante: não devemos afetar a atividade privada. Não devemos afetar os contratos firmados. É necessário poder dizer que a atividade econômica pode e deve continuar.

Observe que comecei dizendo que "deve haver crescimento"; agora estou dizendo: "por favor, permitam que o crescimento continue". Um sistema de estabilização permitirá que você cresça muito. Sem inflação, você poderá criar seu produto, seu emprego, se qualificar, o que for... quando houver estabilidade. Mas até

---

11. Referência a Martín Guzmán, Ministro da Economia de desembro de 2019 até julho de 2022, no governo do presidente Alberto Fernández. Em sua gestão, renegociou a dívida argentina com credores estrangeiros e o FMI para evitar a inadimplência do país e reestruturar a dívida ao longo dos dois anos seguintes.
12. Nome informal de um conjunto de medidas econômicas implementado na Argentina no final de 2001 pelo então Ministro da Economia Domingo Cavallo. Tratou-se de um limite de saque bancário de 250 pesos por semana para cada pessoa. O objetivo dessa medida era evitar uma corrida aos bancos e a retirada em massa dos depósitos bancários.

alcançarmos a estabilidade, o processo precisa, pelo menos, não interferir no que está funcionando hoje. E isso é muito difícil de conseguir. As propostas em que Javier está trabalhando operam nesse sentido.

Temos outra questão muito importante: o sistema tributário e previdenciário. O sistema previdenciário é basicamente a aposentadoria e as pensões dos beneficiários atuais e para nós que também queremos receber futuramente. Caso contrário, Francisco, meu filho, terá de pagar meu geriatra, ele já me prometeu, mas até que isso aconteça, temos que ser capazes de pagar o sistema previdenciário. Essa parte também é um fardo muito pesado em qualquer processo de estabilização. Esse é outro motivo pelo qual não será tão fácil nem tão rápido estabilizar a economia. Sobretudo, porque não queremos estabilizar com esse nível de aposentadorias: a estabilidade ocorre com um nível maior de aposentadorias ou que ainda pode crescer um dia.

E o último elemento é que precisamos alcançar uma estabilização que nos permita nos integrar ao mundo. Se hoje temos essa economia rígida, regulada, com uma série de burocracias, com uma série de definições que alguém impôs a nós (desde o horário de funcionamento de uma farmácia até as quantidades e tamanhos que devem ser vendidos nas lojas), enquanto tivermos todos esses tipos de regulamentações, não será fácil, ou pelo menos não será barato, nos aproximarmos do restante do mundo. E isso é absolutamente essencial para que a Argentina seja um país competitivo. Cada um de nós precisa ser produtivo, mas o país tem de ser competitivo. Um sem o outro não será suficiente.

E, para tudo isso, temos que trabalhar duro. É um esforço que custará caro. Sim, todos os mecanismos de liberdade são, sem dúvida, os melhores, mas a liberdade em si, por si só, não é suficiente. A liberdade não vem de mão beijada. A liberdade é conquistada. Devemos conquistá-la nós mesmos. Obrigada a todos.

SISTEMA BANCÁRIO SIMONS

Héctor Rubini

Economista, professor e pesquisador da Universidad del Salvador e da Universidad del CEMA.

Boa noite. Muito obrigado a Javier Milei por permitir que eu participasse deste evento tão importante. Vou falar sobre um assunto um tanto esclarecedor, mas também polêmico. Estamos ouvindo falar dele há vários meses: o Sistema Bancário Simons. É minha vez de explicar do que se trata, dizer de onde vem a ideia e, basicamente, transmitir uma mensagem que acredito que esteja faltando nesta profissão também: esse sistema não é nada novo nem insano nem coloca em risco as poupanças e contas correntes. Ao contrário, é uma das fórmulas mais discutidas há pelo menos cinco séculos para tentar evitar os custos que as falências bancárias trazem para toda a sociedade. Acima de tudo, o custo de ter de resgatar os bancos com emissão monetária, gerando dívida e inflação e, por fim, mais impostos para as gerações que têm de pagar os custos das crises financeiras que temos visto com mais frequência no mundo nos últimos trinta anos.

O setor bancário é alimentado principalmente por depósitos, que os bancos centrais tentam garantir que se renovem ao longo do tempo. O que os bancos centrais exigem das instituições financeiras? Que parte desses depósitos não seja emprestada, mas mantida como reserva; que uma porcentagem não seja emprestada e seja mantida como um sinal de que algo será deixado para devolver aos depositantes. Isso é o que se chama de reserva fracionária: uma fração dos depósitos é imobilizada e não é emprestada, para que os bancos possam continuar funcionando, e assim o fazem; emprestando a outros agentes, parte desse dinheiro retorna aos bancos, é depositada novamente, gera novos créditos e isso causa um fenômeno conhecido como multiplicador monetário, ou seja, a quantidade de meios de pagamento geralmente excede a quantidade emitida pelo Banco Central.

No entanto, o sistema de reservas fracionárias causa confusão entre o mercado de crédito e o mercado monetário, porque, no final, os bancos estão assumindo dívidas com os depositantes e reemprestando esse dinheiro ao público. Isso leva a uma transferência permanente de liquidez de poupadores ou agentes mais pacientes para outros mais impacientes que já precisam dos fundos para financiar compras, investimentos ou projetos de empresas. Qual é o ponto fraco aqui? Basicamente, o negócio bancário consiste em avaliar projetos e captar recursos que, em geral, são depósitos de curtíssimo prazo que podem ser resgatados para financiar empréstimos e investimentos a prazos maiores. Esse descasamento de vencimentos torna o negócio bancário extremamente frágil, e a única maneira de manter isso é se os bancos tiverem a confiança do público para que os clientes continuem renovando os depósitos. Portanto, o que teremos é um efeito indesejado: o Banco Central não tem controle total sobre a oferta de moeda, e isso estará condicionado à confiança do público nos bancos. Se a maioria do público correr para sacar seu dinheiro ao mesmo tempo, não haverá saldo suficiente nos bancos. É como o fenômeno que vemos no filme *Nove Rainhas*, quando todos vão ao banco enlouquecidos para sacar dinheiro e, às três horas da tarde, o banco fecha, e não há dinheiro para todos. Isso tem um efeito negativo sobre os meios de pagamento, sobre a cadeia de pagamentos, e leva os bancos, para evitar a falência, a pedir um resgate aos bancos centrais.

Historicamente, esta é a origem da reserva fracionária: uma concessão dada pelos soberanos aos bancos, enquanto os banqueiros, por sua vez, confiavam que, se não pudessem reembolsar os fundos, o Estado (o soberano) os reembolsaria. Isso levou a uma discussão que remonta à Escola de Salamanca no século XVI, alguns escritos sobre a experiência do Banco de Amsterdã no século XVII, algumas contribuições de David Ricardo (1772-1823) em 1823, o debate entre a Escola Monetária e a Escola Bancária no Reino Unido no início do século XIX, para encontrar uma forma de voltar a exigir algum tipo de reserva de 100% e que os depósitos estejam disponíveis sempre que os depositantes os reivindicarem.

Esse debate ia e voltava, mas ganhou destaque nos Estados Unidos com a Grande Depressão, após a quebra da bolsa de valores em 1929. E aí surgiu o que ficou conhecido como Plano de Chicago, três memorandos para tentar promover um projeto de lei para reformar o setor bancário. Um dos economistas mais proeminentes desse grupo de trabalho era Henry Simons (1899-1946); por isso, é conhecido na literatura como o Sistema Bancário Simons. O esquema é relativamente simples: separar as instituições financeiras em duas partes: uma parte que capta depósitos à vista, ou seja, depósitos que o público vai demandar e usar de forma permanente com cheques ou saques a descoberto, para o que quer que seja, e tais instituições deverão manter uma reserva de 100%; e a outra parte seria para depósitos a prazo, com reserva zero, mas esses fundos não são emprestados diretamente ao público, mas vão para fundos mútuos, fundos de investimento, que são os que fornecerão financiamento para empresas e também podem ser emprestados para famílias e empresas.

É um mecanismo mais indireto, mas possui algumas vantagens, porque se os fundos em depósitos à vista estiverem 100% em reserva, obviamente estarão sempre disponíveis e não haverá motivos para uma corrida ao banco. No caso dos depósitos alocados para fundos mútuos, esses são fundos que vão para carteiras de ativos listados na bolsa de valores, cujos preços e rendimentos sobem e descem: o risco é dos investidores, com relação aos intermediários que fazem a alocação dessas carteiras de ativos, mas o risco não é dos bancos. Portanto, isso tem uma vantagem adicional, que é o fato de tornar redundante o seguro de depósito. A questão é por que isso não deu certo. Houve um problema político e de comunicação. A ideia foi despertada no debate político por legisladores progressistas, principalmente um do Novo México, Bronson Cutting (1888-1935), que era muito favorável ao Plano de Chicago, mas basicamente queria a nacionalização dos bancos. Ele se posicionou ao lado do Partido Democrata, o que gerou um forte lobby e oposição em Wall Street, no sistema bancário e no Congresso. Finalmente, em 1935, uma segunda lei de reforma bancária foi aprovada, e o Plano de Chicago foi destruído: um sistema de reserva fracionária foi adotado, com o monopólio da emissão de moeda pelo Federal Reserve e, além disso, total liberdade para o Federal Reserve reduzir ou aumentar as reservas obrigatórias, mas com um limite máximo de 30%. A reserva obrigatória de 100% morreu. Agora, é dito que, em um esquema alternativo, no caso da Argentina, poderíamos adotar um sistema de dolarização ou uma taxa de câmbio fixa. Qual é a vantagem de adotar essa reforma bancária? Por um lado, ela separa o mercado monetário do mercado de crédito; por outro lado, no caso dos depósitos à vista, não há possibilidade de uma corrida sistêmica. No caso do outro segmento, o problema não serão os bancos; em todo caso, haverá altos e baixos no mercado de capitais, mas torna-se desnecessária a contratação de seguro de depósito. Isso também gerou alguns comentários bastante alarmistas e excessivamente críticos sobre as supostas desvantagens desse sistema. Vemos várias dessas coisas na internet e em alguns meios de comunicação. Para começar, que é difícil de implementar, porque se trata de separar os bancos em um grupo de reserva de valor e um sistema de fundos mútuos, o que aumenta os custos das instituições. Não há evidências de que isso aconteça ou que já tenha acontecido nos Estados Unidos, com as diferentes formas de banco universal. Para as instituições maiores, isso não é um problema; para as instituições menores, se elas crescerem, poderão tirar proveito das economias de escala, e está provado que isso existe no setor financeiro. Portanto, isso não é um argumento. Em seguida, que as taxas de juros e os custos dos meios de pagamento vão aumentar. Isso é totalmente falso: se o mercado de capitais cresce, o custo do capital, mais cedo ou mais tarde, tende a cair. Que isso favorece a intermediação informal. Bem, com mercados livres isso não deve necessariamente acontecer. Que exclui pequenos poupadores. Ouvimos isso muitas vezes este ano. E é fácil também, pois não há nada que impeça de captar fundos de pequenos poupadores para fundos mútuos.

Na outra ponta: que isso exclui os pequenos tomadores de empréstimos. Isso é mentira. Não há nada que impeça os intermediários de fornecer empréstimos menores a empresas e famílias. Há também propostas recentes de economistas reconhecidos que mostraram que isso é totalmente viável, inclusive nos Estados Unidos. Que o crédito de longo prazo desapareceria. Isso também é falso por vários motivos. Vejamos o caso da Argentina: a maior parte do crédito não vai para o setor privado, como Diana acabou de mencionar; a maior parte dos fundos que os bancos recebem vai para a compra de LELIQs, os títulos do Banco Central, e títulos públicos. Portanto, isso não é um problema para o caso argentino. O crescimento dos intermediários e o crescimento do mercado de capitais em um contexto de outro tipo de desregulação do mercado financeiro poderiam contribuir para um aumento significativo da liquidez e uma queda nos custos de curto e longo prazo.

O que está por trás das críticas? A suposição fatalista de que o mercado de capitais nunca se desenvolverá. Portanto, é possível refletir e dizer o que é necessário para essa reforma. O que é necessário é, por um lado, uma reforma da regulação financeira nos moldes da proposta de Simons, que Javier enfatizou várias vezes em suas aparições na mídia; um abandono do cepo cambial e das restrições atuais às movimentações de capital e à compra de moeda estrangeira; sem livre mercado, isso é inviável. E a terceira etapa é uma forte reforma estrutural de toda a economia; isso pode levar mais ou menos tempo, mas é fundamental.

O que precisamos, definitivamente, é de um Estado que garanta, respeite e defina os direitos de propriedade e, sobretudo, de um Estado que não engane as pessoas. Em outras palavras, um Estado que não subsidie qualquer tipo de falência bancária, que acaba sendo paga pelos contribuintes e pelas gerações futuras. Um caso catastrófico recente foi o da Grécia. Então, é provável ou improvável que isso seja adotado? Veremos. Mas o certo é que, se for possível pensar em uma reforma institucional para um Estado a favor dos cidadãos e não dos cidadãos a serviço do Estado, então uma reforma desse tipo, sim, é viável.

CONCORRÊNCIA DE MOEDAS E DOLARIZAÇÃO: O FIM DA INFLAÇÃO

Javier Milei

É mentira que na Argentina não é possível realizar um debate sério e atingir um público não tradicional. Sei disso graças ao trabalho de toda a equipe que me acompanha em meu projeto.

Em especial, agradeço à minha irmã, "a Chefe", Karina Milei, e a cada um dos palestrantes que me acompanharam em diferentes seminários. Sinto-me orgulhoso, honrado e feliz por ter a oportunidade de ouvir Alberto Benegas Lynch (filho), ou seja, nosso maior herói da liberdade de todos os tempos. E também por ouvir as palavras do dr. Domingo Felipe Cavallo, a quem a história certamente fará justiça e mostrará que ele foi o melhor Ministro da Economia que já tivemos. Ou ainda desfrutar da presença de Federico Sturzenegger. Lembro-me de que, quando tive o privilégio de conhecê-lo, eu o apelidei de "o colosso da Reconquista 266", alguém que realizou uma tarefa enorme e que não foi acompanhado pela política. No entanto, quando observamos o que aconteceu em 1959, o que aconteceu em 1975, com níveis excessivos de moeda como o que o dr. Sturzenegger teve de enfrentar, percebe-se que esses eventos sempre terminaram em desastres inflacionários. Apesar de não ter a contraparte, que o abandonou antes de começar, por assim dizer, com esforço e conhecimento técnico incomparáveis, pois foi o melhor presidente do Banco Central da República Argentina, ele conseguiu evitar a hiperinflação.

Entretanto, a política é ingrata e injusta. Em vez de reconhecê-lo e agradecer-lhe, um grupo de sátrapas o expulsou. Isso reafirmou minha convicção de que o Banco Central não deveria existir, porque se um com as características daquele presidido por Federico Sturzenegger não funcionou, não há como funcionar.

Por outro lado, Diana Mondino e Héctor Rubini nos mostraram como o sistema bancário funciona em diferentes regimes. Além disso, nosso querido Héctor Rubini deu pistas sobre como deve ser o sistema bancário que almejamos. E meu queridíssimo amigo Manuel Adorni, esse enorme ser humano, com toda a sua grandeza, luta incansavelmente na mídia.

Dito isso, pretendo falar sobre uma questão central: como vamos acabar com a inflação. Basicamente, há duas questões principais que eu gostaria de mencionar: uma tem a ver com a natureza do debate, e a outra com a questão do equilíbrio geral de *stocks*, que é a base sobre a qual se define a implementação da dolarização (como bem disse Alberto Benegas Lynch, chama-se dolarização porque é o nome mais comum).

Lembro-me de que a primeira vez que expliquei isso na mídia, expliquei como era: primeiro, é preciso inserir os bancos em um Sistema Bancário Simons; depois, é preciso passar para um sistema bancário livre; depois, a livre concorrência de moedas e, quando as pessoas escolherem a moeda, o Banco Central será eliminado. E como, historicamente, os argentinos escolheram o dólar como moeda, é muito provável que, em um primeiro momento, isso seja feito em termos de dolarização. Depois disso, todos começaram a falar sobre dolarização, mas eu estou falando sobre concorrência de moedas.

Em primeiro lugar, a moeda que certamente será escolhida será o dólar, e depois veremos se outra moeda será escolhida. Em função disso, por que esse debate está começando a fazer sentido? Por que estamos discutindo isso? A realidade é que, do ponto de vista moral, a discussão é válida em todos os momentos, porque depois se verá que o Banco Central é basicamente uma fraude; a ação da política monetária é uma fraude, a menos que nada seja feito, e se nada é feito, para que temos o Banco Central? E digo mais: mesmo que jurem que não farão nada, o simples fato de termos o Banco Central já é uma janela de risco.

Portanto, nesse contexto, do ponto de vista moral, o Banco Central já é questionável. Mas o que torna esse debate muito mais relevante tem a ver com o fato de que temos inflação. Antes de 1935, antes da criação do Banco Central, um Banco Central misto, a taxa de inflação na Argentina era, em média, 0,9% ao ano. Nos dez anos seguintes à criação do Banco Central, a taxa de inflação saltou para 6% ao ano. Ou seja, algo que hoje parece pouco, mas para os registros da época era muito alto, se multiplicou mais de seis vezes. Em seguida, a partir de 1946, surgiu o Banco Central "nacional e popular", que se tornou totalmente estatal. E então, até a chegada da conversibilidade, a inflação foi, em média, 250% ao ano; tiramos treze zeros da moeda, destruímos cinco símbolos monetários (seis se considerarmos os slogans nas cédulas) e tivemos duas hiperinflações sem guerra. E assim nos deparamos com a conversibilidade, que nada mais era do que um reflexo do repúdio dos argentinos à moeda emitida pelos políticos, a moeda da casta, um mecanismo para enganar o povo.

Nesse sentido, a realidade é que, diante dessa destruição da moeda, da inexistência de demanda por dinheiro, nasceu a conversibilidade, uma taxa de câmbio fixa, mas com uma regra muito rígida e mantendo alguns erros que veremos ao longo desta palestra. O interessante disso é que no período em que durou a conversibilidade, até 2001, a inflação média caiu para 9% ao ano. No entanto, essa inflação se acumulou nos dois primeiros anos; assim, a partir de 1993, a Argentina já era o país com a inflação mais baixa do mundo.

O que isso significa? Que em algum momento conseguimos acabar com a inflação. Mas... que incrível! Nossos maiores expoentes, aqueles que foram tão importantes na história do fim da inflação, muitas vezes são repudiados, injuriados e não são reconhecidos por seu enorme trabalho. Por isso, também é muito importante reconhecermos aqueles que tanto fizeram pelo país e que, no final, acabaram sendo vítimas dos políticos.

Bem, quais são os efeitos da inflação? Um dos principais problemas que ela causa é a distorção dos preços relativos. Portanto, o que temos de pensar é que a inflação é para o sistema de preços o que o ruído é para a comunicação: quanto mais ruído houver, menos compreensível será. É isso o que a inflação gera no sistema de preços; ela nos leva inexoravelmente a um encurtamento dos prazos na economia, prejudicando a poupança e os investimentos. Além disso, a distorção nos preços relativos gera uma má alocação de recursos e, enfim, leva à destruição do capital e, portanto, um menor capital per capita, menor produtividade e menores salários. Também seus efeitos são altamente nocivos: é um imposto não só legislado, mas também atinge os setores mais vulneráveis entre 25% e 30% com mais força. Por isso, é incompreensível que os progressistas defendam a existência do Banco Central e esse tipo de aberração. Que tipo de progressistas são eles? Progressistas que odeiam o progresso, ou seja, eles amam tanto os pobres que tudo o que fazem é multiplicá-los.

Isso não é novidade na teoria monetária: trata-se de um efeito chamado "Hume-Cantillon", que tem a ver com a forma como o dinheiro entra no sistema. Obviamente, quem recebe esse novo dinheiro primeiro está cobrando os preços de hoje e pagando os preços de ontem. Esse fenômeno gera uma redistribuição de renda, e os principais prejudicados são aqueles que recebem o dinheiro por último, que são justamente os trabalhadores. Por isso, esses processos inflacionários multiplicam o número de pessoas pobres. Mas quem são os favorecidos? Como eu disse, são os primeiros a receber o dinheiro. E quem são os primeiros a recebê-lo para gastá-lo primeiro? Justamente os vigaristas da casta política. Por isso, os principais inimigos do bem-estar e da inflação baixa são os políticos, pois eles são os principais beneficiários dessa aberração de nos roubar por meio da senhoriagem. Sem ir muito longe, esse governo, em seus dois primeiros anos, nos roubou onze pontos do produto interno bruto (PIB) com a senhoriagem.

Quando comecei a brigar com todo mundo na televisão, era quase uma heresia dizer que a inflação era, em todos os momentos e em todos os lugares, um fenômeno monetário, causado por um crescimento excessivo da quantidade de dinheiro oferecida em relação à quantidade de dinheiro demandada. Então, quando criei minha conta no Twitter, lancei um desafio: "Bem, se a inflação é multicausal, isso significa que apenas uma parte dela é explicada pela emissão monetária". Então, pedi que me mostrassem que poderia haver inflação em uma economia de troca. Há um *meme* com um esqueleto esperando, ou algo assim. Acho que estou igual a esse esqueleto: já se passaram cerca de sete anos desde que lancei o desafio, e ninguém conseguiu resolvê-lo. E digo mais: ninguém conseguirá me refutar, porque é uma questão técnica: as funções de excesso de demanda são homogêneas de grau zero. O que isso significa? Que elas dependem dos preços relativos. Então, se o dinheiro impacta todos os preços igualmente, porque nenhuma das outras condições mudou, qual é o ponto? É que os preços relativos não mudam. É por isso que nunca poderia haver inflação em uma economia de troca, porque, na verdade, se um preço relativo aumenta, seu equivalente diminui, pois esse efeito é compensado automaticamente. A única coisa que a quantidade de moeda pode fazer é afetar a escala nominal e, com isso, o nível de preços. Também causa outros danos. Portanto, como as funções de demanda e de excesso de demanda são homogêneas de grau zero, elas dependem dos preços relativos e, por esse motivo, ninguém conseguirá provar a existência de inflação em uma economia de troca, a menos que inclua um bem de troca indireta (afinal, é disso que se trata o dinheiro).

Quais são as desvantagens de uma economia de troca? O problema da dupla coincidência: quando alguém vende sapatos em troca de comida, ele precisa que aquele que vende a comida queira comprar os sapatos. Mas mesmo que isso seja resolvido, o problema é que as mercadorias são indivisíveis. Assim, posso querer vender uma palestra ao meu padeiro, porque quero pão, mas quantos quilos de pão vou exigir para dar minha palestra? Portanto, há um problema de indivisibilidade. E o que as pessoas fizeram? Começaram a chorar? Isso me lembra da gestão de Sturzenegger, quando o então Ministro da Fazenda, sr. Prat Gay, negou a existência de *money overhang* e, portanto, decidiu não limpar o *superávit* monetário. Ele deixou Sturzenegger sozinho no Banco Central para fazer isso, e este não ficou chorando, mas foi lá e resolveu o problema. É por isso que tenho tanto respeito e admiração por ele, pelo trabalho que fez. Diante desse problema de dupla coincidência e indivisibilidade, os agentes não choram, eles buscam uma solução. Então, por exemplo, quando as pessoas ainda eram nômades, elas negociavam com algo que todos queriam, ou seja, o gado. A primeira moeda que existiu foi o gado, justamente porque eles iam a todos os lugares, e o gado os acompanhava, então podiam usá-lo como moeda. Obviamente, mais tarde, surgiram outros tipos de moeda, como o linho, o sal, o trigo, o tabaco, os cigarros na prisão. Além disso, havia o problema da reserva de valor, pois um saco de trigo ou de tabaco, por exemplo, perdia valor com o passar do tempo, então eles acabaram evoluindo para moedas de metal. Eles utilizavam o ouro para grandes transações e a prata para pequenas transações. E assim esses metais se tornaram a unidade de conta, ou seja, as transações eram feitas nessa moeda.

E agora, qual era o problema? Quando alguém se deslocava de um lugar para outro para comercializar, era óbvio que carregava metal e, assim, era vítima de roubo. Era um problema carregar ouro e prata consigo. Assim, foram criadas instituições onde as pessoas podiam deixar o ouro e a prata e, em troca, recebiam um certificado que podiam usar para pagar. O problema era que surgiam situações irregulares que, sem dúvida, o mercado teria resolvido facilmente com o tempo, mas quem interveio? O Estado. E o que ele descobriu? Que os metais estavam ali, mas que eles também podiam emitir certificados sem estoque de metais e gastá-los mesmo assim.

Então, as pessoas começaram a trocar as moedas, e a inflação foi gerada. Assim, no primeiro Congresso de Viena, em 1445, o curso forçado foi imposto. Isso foi mencionado pelo dr. Benegas Lynch, e Federico Sturzenegger também o mencionou com relação ao cepo. Precisamente, o que o cepo faz é nos forçar a demandar mais dinheiro do que gostaríamos de ter, o que nos obriga a aumentar a base tributária do imposto inflacionário. Portanto, não só é imoral, pois não permite que as pessoas decidam como gastar seu dinheiro, restringe todo o consumo atual, restringe todo o consumo futuro, viola a liberdade, além de forçar as pessoas a manterem mais pesos do que gostariam de ter e aumenta a base do imposto inflacionário. Portanto, é uma verdadeira aberração e um ataque à liberdade.

É sempre bom mencionar (e vocês verão que faço isso com frequência) Ludwig von Mises, que disse: "Enquanto eles continuarem repetindo as mesmas mentiras, nós continuaremos repetindo as mesmas verdades". Há um exemplo que uso frequentemente, mas como ninguém contestou ainda, continuarei a usá-lo. É o caso daquela economia em que as transações são feitas em moedas de ouro e, de repente, um físico e um químico descobrem uma maneira de converter plástico em ouro. Então, eles começam a comprar plástico intensivamente e transformá-lo em ouro, ou seja, começa a falsificação. A realidade é que se tivessem em sua casa esse ouro falsificado, esse ouro falsificado que as pessoas não percebem que não é ouro, não haveria problema. Ou seja, eles têm esse ouro falso em sua casa, e suponha que queiram decorar sua casa com esse ouro: isso é problema deles. Mas o verdadeiro problema é se eles quiserem introduzir esse ouro na economia. E esse mecanismo também não é tão óbvio, certo? Porque ninguém pode aparecer com uma barra de ouro e dizer: "Você quer trocar essa barra de ouro pela sua?". Soará muito estranho. Ou seja, por que eles trocariam algo exatamente igual? Obviamente, como eles não conseguirão essa troca, dirão: "Bem, oferecemos duas barras em troca da sua". E como diz o ditado: quando a esmola é grande, até o santo desconfia.

Os políticos não realizam esse tipo de fraude de maneira tão óbvia e evidente. Qual é o sistema deles? Eles misturam as moedas "falsas" com as moedas de ouro, espalhando-as por toda a economia. Nesse contexto, a fraude é bem-sucedida, e esse aumento da quantidade de ouro na economia sem a contrapartida da demanda faz com que todos os preços expressos em unidades de ouro aumentem. Porque o ouro está perdendo poder de compra. Quem pode fazer essa falsificação com perfeição? O Banco Central. Portanto, a inflação é sempre e em qualquer lugar um fenômeno monetário gerado pelo crescimento da oferta de moeda que excede a demanda por moeda, resultando na perda do poder de compra da moeda. E isso significa que todos os preços expressos em unidades monetárias aumentam. A todos os adeptos da inflação multicausal, eu digo: xeque-mate.

Quando isso começou a ficar claro? Os primeiros a perceber isso claramente foram os escolásticos, ou seja, a Escola de Salamanca. E faz sentido. Por quê? Porque a Escola de Salamanca ficava na Espanha. E o que aconteceu na Espanha? O país começou a receber ouro das colônias. Isso levou a um aumento na oferta de ouro, o que fez com que todos os preços na Espanha começassem a subir, deteriorando as relações comerciais em termos de balança comercial. Assim, o ouro da Espanha se espalhou para o resto da Europa e os preços também começaram a subir em toda a região, até que a situação se estabilizou. Em outras palavras, eles fizeram um esforço enorme para obter esse ouro, e a única coisa que aconteceu foi um efeito redistributivo, isto é, daqueles que o trouxeram das colônias para o continente europeu. Dessa forma, a renda e a riqueza foram redistribuídas com base nesse novo ouro.

O que acabei de descrever também é conhecido como "modelo ajuste-espécie" de David Hume. É a base do modelo chamado "PPC", ou seja, a "paridade do poder de compra", que basicamente é uma junção da ideia da teoria quantitativa mais a lei do preço único. E isso é uma extensão da teoria quantitativa para uma economia aberta. Esse é um elemento importante, pois tem a ver estritamente com a natureza monetária da inflação. Quando alguém opta pelo curso convencional de macroeconomia ou de moeda, crédito e bancos, encontra uma função de demanda de moeda que depende da renda e da taxa de juros nominal, e que depende positivamente da renda e negativamente da taxa de juros nominal. A verdade é que essa é uma forma errônea de apresentar a demanda por moeda e gera problemas intermináveis de não compreensão do que acontece no mercado monetário. Se eu analisar uma economia e derivar todas as funções de excesso de demanda, se eu já tiver determinado qual era o numerário, as funções de demanda serão determinadas por todos os preços. Ou seja, quando se adota um modelo de equilíbrio geral, a renda não aparece, pois ela é derivada da venda de tempo livre e da participação nos lucros da empresa. Portanto, a renda está inclusa na estrutura da propriedade, nos preços da economia e nas transações realizadas. Assim, em um modelo de equilíbrio geral, o conceito de renda não aparece nas funções de excesso de demanda.

Esse é um problema derivado de Keynes, herdado de Alfred Marshall (1842-1924), pois este era o defensor do equilíbrio parcial. Considerando que ele havia feito apenas um curso de economia com Marshall, Keynes não foi muito claro sobre a distinção entre equilíbrio geral e equilíbrio parcial; assim, construiu uma função de equilíbrio parcial e a aplicou incorretamente no equilíbrio geral. Isso é um problema por si só. A outra desvantagem é que a taxa de juros é um mecanismo de coordenação intertemporal que existe porque o tempo existe, e não porque existe o Banco Central, que imprime dinheiro. Ela existe porque os indivíduos decidem transferir o consumo do presente para o futuro. Isso é chamado de poupança. E as empresas decidem transferir a produção do presente para o futuro. Isso é chamado de investimento. Esse mecanismo de poupança e investimento determina o que Wicksell chamou de "taxa natural de juros", que na terminologia atual seria a taxa de juros de equilíbrio, mas que basicamente representa o preço relativo dos bens atuais em relação aos bens futuros. Portanto, a taxa de juros está implícita ali. Então, se construirmos um modelo de equilíbrio geral intertemporal, a taxa de juros estará implícita nas funções de excesso de demanda que consideram os preços de todos os bens. Assim, se nada mudar no lado real da economia, não haveria razão para mudança nas funções de excesso de demanda, e a demanda por moeda seria dada. E, nesse contexto, a oferta real de moeda deve ser igualada, porque esse é um conceito real de demanda de moeda, vinculado às transações atuais e futuras que as pessoas desejam fazer.

Então, se a demanda real por moeda está definida, a única coisa que a oferta monetária pode fazer é determinar a escala nominal. Dada a demanda por moeda, o Banco Central, ao determinar a quantidade nominal de moeda, estará definindo (se todo o resto for igual) o nível geral de preços. Na vida real, é muito mais complexo, pois há vários agentes, em que cada um atribui uma utilidade diferente para cada peso adicional que recebe, e isso também gera efeitos redistributivos, também há diferentes bens, e isso afeta as decisões de consumo atual e futuro, e os bens escolhidos não só afetam a alocação de recursos, mas também afetam a decisão entre poupança e investimento. Assim, eles acabam penalizando o crescimento econômico, produzindo danos. Portanto, não existe uma política monetária ideal. Ou alguém já pensou no número ideal de cenouras que uma economia deveria ter? Ninguém consegue pensar em tal absurdo. O mesmo acontece com a moeda: a quantidade de moeda na economia será determinada pela demanda por moeda em termos de transações atuais ou futuras, e qualquer alteração na oferta de moeda terá impacto sobre o nível de preços. Se também houver vários bens e agentes heterogêneos, a moeda não será neutra, e tudo o que ela fará será causar danos. Naturalmente, nem todos os modelos de moeda são equivalentes. Então, por exemplo, um problema é a moeda exógena; em outras palavras, a oferta de moeda foi fixada e permaneceu aí, e tudo o que se faz é acomodar a escala nominal. Esse seria o caso menos prejudicial, mas, como diz o professor Alberto Benegas Lynch, se eu causo dano quando expando, se eu causo dano quando contraio, se o melhor que eu posso fazer é não fazer nada, por que quero fazer?

Mas há outros mecanismos para ver como o Banco Central funciona. É comum ouvirmos falar sobre o problema do conflito distributivo, da inflação estrutural, da inflação multicausal... Todas essas coisas surgem dos modelos de moeda passiva. Um deles é o caso do padrão mercadoria. A moeda é emitida com respaldo de determinada mercadoria. Então, quando o preço de um bem sobe, como esse preço relativo deveria estar subindo e presume-se que o preço do outro bem não vai cair, o Banco Central aparece, valida monetariamente e, portanto, o preço que deveria cair não cai e o preço que deveria subir sobe mais do que proporcionalmente. Entretanto, sempre se esquece que a lei de Walras eliminou o mercado monetário, mas por trás disso há um Banco Central que valida esse aumento de preço com maior emissão monetária. Portanto, é falso que a inflação não seja monetária. O problema é que eles não sabem como ler um modelo de equilíbrio geral em que, pela lei de Walras, o mercado monetário foi eliminado.

O outro argumento que é tão falacioso, pobre e pré-cambriano é o do conflito distributivo. Ou seja, os trabalhadores que querem ganhar muito, e os vilões dos sindicatos que aumentam os salários, fazendo com que os empresários maus aumentem a margem de lucro e, então, os preços sobem, de modo que o governo precise emitir dinheiro para não criar uma recessão. Mas sem emissão de moeda não há validação. Além disso, se um preço subir (suponhamos que haja algum elemento que tenha feito os custos dispararem, que a oferta tenha se contraído e que o preço de um bem tenha que subir), do outro lado há um preço que tem que cair. E se não cair, é porque há sempre o Banco Central emitindo dinheiro do outro lado. E se não houver um mecanismo de validação do Banco Central, não haverá inflação.

Ainda há dois outros casos. Um é o padrão crédito, ou seja, quando o Banco Central define a taxa de juros, que é o caso da *inflation targeting*, isto é, a meta de inflação. Nesse caso, é fundamental ancorar as expectativas, pois nesse modelo há um problema técnico de falta de uma âncora nominal ao determinar a quantidade de moeda de maneira endógena, pelo qual essa âncora é substituída pelas expectativas de inflação. Imagine tentar fazer isso com uma casta política que, quando não gosta dos resultados, quer usar o Banco Central. Na Argentina, isso tem data: 28 de dezembro de 2017. Aqui temos a vítima desses sátrapas que usaram o Banco Central da República Argentina (BCRA) e acabaram gerando um desastre, que foi o que aconteceu durante 2018 e 2019 e permitiu que os homens das cavernas voltassem.

O outro caso é o padrão externo, que é quando a taxa de câmbio é fixada. Isso é o que foi feito durante a conversibilidade. Nesse caso, foi fixada uma taxa de câmbio de 1 peso por 1 dólar, que na realidade eram 10 mil austrais. Qual é a característica desse modelo? Que o dinheiro é determinado pela demanda, portanto, não há desequilíbrio monetário e, assim, uma vez absorvidas todas as distorções causadas durante a hiperinflação no governo de Raúl Alfonsín e a hiperinflação no início do governo Menem, todos esses desequilíbrios foram corrigidos e, a partir de então, em 1993, a Argentina se tornou o país com a menor inflação do mundo. Por quê? Porque a quantidade de moeda era ajustada conforme a demanda por moeda. E a verdade é que a conversibilidade não só foi um sucesso em termos de estabilização do nível de preços, mas que também era uma regra muito rígida, mas, ao mesmo tempo, muito fácil de entender. As pessoas entendiam do que se tratava. Portanto, todo mundo observava se o BCRA imprimia dinheiro ou não, se tinha lastro ou não. O tempo todo as pessoas olhavam para a base e verificavam as reservas. E não só isso, mas a regra também era extremamente popular. Ou seja, Menem obteve uma vitória esmagadora nas eleições de meio de mandato, conseguiu ser reeleito e Fernando de la Rúa acabou se tornando presidente prometendo manter a paridade de um peso por um dólar; isso significa que as pessoas valorizavam a estabilidade monetária.

A estabilidade monetária favorece as pessoas de bem e só prejudica os sátrapas da casta política. E uma das coisas mais interessantes pelas quais alguém acreditava que seria muito difícil sair dessa situação era que toda a estrutura contratual da economia era determinada por essa regra. Mas o que aconteceu? Os políticos ficaram sem recursos e não estavam dispostos a cortar gastos. Por esse motivo, preferiram repassar esse ajuste a todos nós, as pessoas de bem, os trabalhadores, tudo para continuar mantendo seus privilégios. Por isso, eles arrasaram a conversibilidade e nos disseram: "Desta vez vai ser diferente". Assim, a inflação no primeiro período do regime K foi de 8%; no segundo, 20%; depois foi de 28 ou 29%, ou seja, quase 30%. Durante o governo do partido *Cambiemos*[13], saltou para 40% e hoje alcançou a taxa de mais de 100%. E temos um desequilíbrio monetário monstruoso que é o dobro do que era antes do Plano Rodrigazo[14]; há uma proporção de passivos remunerados do BCRA em relação à base em níveis semelhantes aos que tínhamos no segundo semestre de 1988, e ainda não está claro se eles têm condições para se ajustar. Com o agravante de que hoje os indicadores sociais são piores do que eram em 2001, antes da quebra da conversibilidade em 2002.

Portanto, se a casta política não se conscientizar do ajuste que precisa fazer e não colocar suas contas em ordem, o tamanho da crise que se aproxima é monumental e ultrapassa qualquer coisa que possamos imaginar.

Mas, é claro, o que a casta faz? Ela continua olhando para o próprio umbigo. Portanto, nesse sentido, a situação é bastante complicada, porque essas pessoas, para não parar de roubar, são capazes de qualquer coisa, inclusive de explodir todos nós.

Portanto, agora, a questão é qual era o problema com a conversibilidade. Para dizer a verdade, muitos economistas já sabiam disso antes, pois ela tinha os mesmos problemas que a Lei de Peel. A Lei de Peel emergiu de um debate que começou em meados do século

---

13. O *Cambiemos* foi uma coalizão política de centro-direita criada em 2015. Em 2019, os partidos integrantes do *Cambiemos* fundaram uma nova coligação eleitoral denominada *Juntos por el Cambio*.
14. O "Rodrigazo" foi um plano de ajuste econômico implementado em 1975 que resultou em um grande fracasso, iniciando a trajetória de inflação do país.

XVI, na Escola de Salamanca, entre a escola monetária e a escola bancária. E esse debate, que tinha diferentes contornos, quando chegou à Inglaterra (depois de passar pela Itália e pela Escócia) e concretizou-se na Lei de Peel, culminou em um sistema de câmbio fixo, com um sistema de conversão lastreado em ouro, mas, em vez de ter um sistema semelhante ao Sistema Bancário Simons, ou seja, com uma reserva obrigatória de 100%, eles mantiveram o modelo de reserva fracionária. Então, toda vez que o governo avançava sobre os bancos, ele tomava empréstimos e depois não os pagava. Isso acabava em uma corrida, com emissões e saltos inflacionários. Eles corrigiam a paridade e depois continuavam. Ou seja, já estávamos familiarizados com esse problema. Foi exatamente isso que aconteceu na Argentina.

Como a corrida começou na Argentina? José Luis Machinea, ministro da Fazenda do governo de centro-esquerda *Alianza*, um keynesiano recalcitrante que havia sido presidente do BCRA durante a hiperinflação de 1989, obviamente não conseguiu cumprir as metas acordadas com o Fundo Monetário Internacional (FMI). Para cumprir as metas de austeridade fiscal, eles decidiram, como sempre, martelar a cabeça das pessoas com impostos, mergulhando a economia na recessão. Foi nesse contexto que uma das principais referências políticas da *Alianza*[15], o hiperinflacionário fracassado vindo de Chascomús, Raúl Ricardo Alfonsín (mais conhecido entre as pessoas de bem como o "pai da hiperinflação"), apareceu dizendo: "Não estou dizendo que a dívida não deve ser paga, mas como isso seria bom". Quem estava do outro lado, sabendo que grande parte dos empréstimos dos bancos estavam em títulos do governo argentino, correu até os bancos para sacar seu dinheiro, porque sabiam que esses títulos do governo não seriam pagos e que a devolução dos depósitos estava em risco. E foi aí que a corrida começou. Para

---

15. A *Alianza para el Trabajo, la Justicia y la Educación* foi uma coligação partidária de centro-esquerda criada em 1997 e extinta em 2001. A coligação venceu as eleições presidenciais argentinas de 1999.

tentar compensar a estupidez de Alfonsín, foi aprovada uma lei sobre a intangibilidade dos depósitos. No entanto, dada a história argentina, isso intensificou a corrida aos bancos, causando o colapso do sistema financeiro em novembro e dezembro de 2001, razão pela qual o "corralito" foi imposto. Finalmente, os ladrões da política triunfaram, a conversibilidade foi abandonada, o que implicou em uma fraude de 14 bilhões de dólares na época, que hoje seria aproximadamente 24 bilhões de dólares, perpetrada ao apagar o slogan *"convertibles de curso legal"* das cédulas. Além disso, a dívida pública nacional foi declarada inadimplente, o que foi comemorado pelo nada honrado Congresso da Nação Argentina, como se fosse o dono de uma empresa reunindo todos os funcionários para dizer-lhes que a empresa faliu e que todos ficarão sem trabalho e, então, todos comemoram a queda do maldito capitalista sem levar em conta que acabaram de ficar desempregados.

Voltando à Lei de Peel, esse fenômeno deixou uma enorme vulnerabilidade a corridas bancárias, o que permitiu que os bancos centrais avançassem na regulamentação dos bancos, em uma das representações mais socialistas dentro do sistema econômico. Assim, em troca do redesconto, o BCRA controla o risco de contraparte dos bancos, ou seja, o risco de crédito, de que não paguem; o prazo de descasamento, ou seja, que os clientes tenham a carteira dos bancos casada com seus passivos, isto é, qual é a vida média de seus ativos em comparação com seus passivos; o risco das taxas de juros, o que acontece com os balanços dos bancos quando a taxa de juros muda; e o risco cambial (saltos na taxa de câmbio). O problema é que na Argentina, além de todos esses riscos e dos empasses derivados das regulações, existe um risco sistêmico ainda maior, gerado pelas instituições nefastas que temos, que leva todos os regimes monetários tradicionais ao colapso. Sempre que o político argentino tiver a possibilidade de se endividar, ele o fará. E quando não puder mais se endividar, recorrerá ao BCRA, que também significa dívida. É mais fácil para eles fazer as coisas por meio da máquina de impressão de cédulas, e no final sofremos com crises sistêmicas. Não é que o Banco Central salva os bancos por caridade, mas ele o faz para tentar evitar um colapso ainda maior diante dos erros e aberrações causados pelos políticos por meio da política monetária vexatória.

Portanto, para pôr fim a esse roubo praticado pela casta política, gostaria de propor um caminho com uma série de medidas que, no final, levará à abolição do BCRA. E são quatro etapas, porque a verdade é que a única coisa que justifica a existência do BCRA é o fato de ele atuar como um credor de última instância. Se eliminarmos esse risco, não há razão para a existência do BCRA.

É a isso que Héctor Rubini se refere quando fala sobre o Sistema Bancário Simons. O que faz o Sistema Bancário Simons? Ele separa a reserva de valor do banco de investimento. A reserva de valor é como alguém que deixa o dinheiro em um cofre e paga uma taxa, e o restante se resolve no mercado. Então, o que acontece? Se eu investir em um fundo errado e ele falir, o problema é meu e do administrador do fundo, mas isso não se replica para toda a economia nem leva a um festival de emissão de moeda que acaba enforcando todos com a taxa de inflação. Isso se recicla dentro do próprio sistema. Quando alguém se encontra nessa situação, pode optar por um sistema bancário livre, ou seja, ninguém terá que assumir a responsabilidade pelos erros cometidos pelos bancos. E quando esse sistema funcionar bem, estaremos em condições de passar para um sistema de concorrência de moedas. À luz da história da Argentina, sabemos que a moeda que os argentinos escolheram historicamente foi o dólar. Baseado nesse contexto, pode ser que os argentinos escolham primeiro o dólar, liquidando assim os ativos do BCRA contra seus passivos e acabando de uma vez por todas com o flagelo da inflação, que é fruto de uma casta política que nos esmaga com *déficits* fiscais financiados pela emissão monetária, punindo toda a população, o sistema de acumulação, o sistema de preços e especialmente os mais vulneráveis.

Naturalmente, postular isso não foi gratuito. Todos os cúmplices da classe política nos atacaram por causa dessa proposta de dolarização. Uma das críticas é a perda de senhoriagem. A questão é que, se alguém tem um problema ósseo, não vai a um cardiologista ou a um neurologista, vai a um ortopedista. Se alguém tem um problema com o motor do carro, não procura um encanador. Ou seja, se há um problema de *déficit* fiscal, é um problema de política fiscal. Isso se chama "Princípio de classificação efetiva de nossos instrumentos de mercado". Foi desenvolvido por Robert Mundell (1932-2021) em 1968. Um problema de política fiscal é resolvido pela política fiscal, não pela política monetária. Portanto, todos aqueles que levantaram o incômodo de ficar sem senhoriagem... Sim, claro... Não quero senhoriagem. Estou cansado dos políticos que nos roubam com a senhoriagem.

O segundo ponto é a perda do controle da taxa de juros. Basicamente, ao definir a taxa de juros, é impossível saber as preferências de todos os indivíduos da economia no passado, presente e futuro em relação a todos os bens ao longo da história, a taxa de transferência intertemporal, qual será a tecnologia, o progresso tecnológico, a estrutura de capital, a estrutura de amortização e como o conjunto de dotações se alterará. Naturalmente, não é possível saber tudo isso. Para saber tudo isso, você teria de ser onisciente, onipresente e onipotente, ou seja, você teria de ser Deus. E vou lhes dizer algo que eu suspeitava antes de entrar na política e que confirmei desde que entrei nesse chiqueiro imundo: *os políticos não são Deus.* Abaixem um pouco essa arrogância, já que a única coisa que fazem com ela e com sua pretensão de acreditar que sabem o que o povo precisa é arruinar a vida de milhões de argentinos, tanto no presente quanto no futuro.

O outro argumento é: "Certo. Mas ficamos sem a gestão da política monetária para o ciclo econômico". Em primeiro lugar, muitos ciclos econômicos são gerados por culpa da política monetária. Entretanto, há uma parte dos ciclos econômicos que não virá disso, não será causada pela política monetária. Agora, se podem ocorrer choques diferentes, é preciso deixar a economia fluir e se autorregular. Como é essa autorregulação? Vamos pensar na estrutura keynesiana típica: ocorre um choque negativo de demanda;

como "os preços são inflexíveis para baixo", a atividade cai (ou seja, o mercado de bens); se a demanda de trabalho também cai e o mercado de trabalho é inflexível, também gera-se desemprego. Esses são os elementos pelos quais os políticos geralmente defendem a existência da política monetária para regular o ciclo, para evitar que a economia decline, para tornar a recessão menos dolorosa por meio do derretimento do salário real (eles tiram a dor de um braço amputando-o). O mesmo ocorre no caso de choques externos negativos. Isso é muito parecido com a raiz keynesiana, uma queda na demanda, o que implica queda da atividade produtiva e, por fim, desemprego. O que eles propõem? Consertar isso com a política monetária para desvalorizar e liquidar os salários reais. Nesse sentido, se o problema é a inflexibilidade dos preços para baixo (e suas justificativas no plano teórico), eu me recuso a permitir que os políticos e especialmente seus economistas, que são cúmplices dos delinquentes políticos, nos tratem como estúpidos. A pergunta é: se os mercados de opções e contratos futuros existem há tanto tempo e se eu tenho um problema porque mudei o preço dos produtos que estou negociando, por que não posso me proteger nos mercados de futuros? Por que não posso negociar no mercado de opções? Por que não posso me proteger do risco? Por que tenho de presumir e aceitar que os políticos me tratem como um tolo, quando, na verdade, esses mercados existem há muitos e muitos anos?

Na verdade, há um livro na Bolsa de Valores de Madri, escrito no século XV, chamado *Confusión de Confusiones* ["Confusão de Confusões", em tradução livre], que conta como era o mercado de derivativos na Holanda e como as opções e os contratos de futuros já existiam naquela época. Além disso, quando analisamos toda a literatura anterior à moderna (os clássicos), vemos que, por exemplo, Adam Smith e seus seguidores não discutiam os problemas de deflação, não era um tema central das discussões daquela época. De fato, é algo mais moderno, do século XX, com a existência de bancos centrais emitindo a torto e a direito. Mais à esquerda do que à direita...

A outra coisa é a rigidez no mercado de trabalho. Poderíamos elaborar uma teoria para explicar por que há rigidez no mercado de trabalho: supostamente, para não demitir pessoas, para defender empregos. Agora, claro, em um país com tanta inflação, que não está crescendo, que não está gerando capital, com todos os problemas que tem, obviamente, isso tem um impacto direto sobre as pessoas. Mas o que eu realmente preciso é de seguro, não de regulamentações. Suponha que eu diga que não quero sofrer nenhum acidente quando sair à rua. Posso tomar muitas medidas com relação a mim mesmo e ao que faço, e posso fazer vários seguros. Mas alguém poderia usar outro mecanismo: proibir todo mundo de sair às ruas. Isso seria totalmente estúpido, criaria uma enorme distorção e destruiria o nível de atividade. Sem ir muito longe, é preciso pedir ao presidente que explique o que ele fez com a pandemia. Portanto, trocar o seguro pela regulamentação é realmente um absurdo, que gera enormes prejuízos, distorce os preços e resulta em um custo pago por todos com taxas de desemprego mais altas e salários mais baixos, e até mesmo gerando situações em que, quando ocorre um choque externo, ficamos desempregados por mais tempo. No entanto, isso não significa que deva ser corrigido com uma política monetária inflacionária, mas, sim, que é necessário mudar as condições do mercado de trabalho.

Por outro lado, há também a questão da informação assimétrica nos mercados financeiros. Qual é a solução genial de Joseph Stiglitz[16] (1943-)? Mais emissão monetária. A solução é sempre imprimir mais moeda. No final das contas, o que ele está fazendo é se intrometer nas decisões dos bancos. E como isso vai acabar? Pulverizando o balanço patrimonial dos bancos.

A outra é a falha de coordenação, que é um caso típico da aplicação do "dilema dos prisioneiros". Mas o dilema dos prisioneiros pressupõe que os prisioneiros não conversam entre si. E

---

16. Economista americano vencedor do Prêmio Nobel de Economia em 2001. Fez parte da assessoria econômica do ex-presidente americano Bill Clinton.

se os prisioneiros não conversam entre si, alguém pode me dizer como o político sabe o que cada prisioneiro quer? Ele não pode saber, a menos que haja um controle sobre a liberdade. Em outras palavras, o problema da falha de coordenação decorrente do dilema dos prisioneiros não é nada mais nada menos do que assumir a onisciência, a onipresença e a onipotência do Estado. É como se, de repente, alguém estivesse andando pela rua, alguém do setor privado, que é um tolo, mas no dia em que recebe o chapéu de funcionário público, de repente se torna um gênio.

Obviamente, há também o caso do controle da taxa de câmbio. Não quero que esse controle exista, porque não quero nem mesmo que a moeda emitida pelos políticos argentinos exista. Alguns disseram que isso era o mesmo que conversibilidade. Retomando: a conversibilidade era uma *caja de conversión*, um sistema de conversão em que havia moeda fiduciária emitida pelo próprio governo e um sistema financeiro de reservas fracionárias. De duas, uma: ou falo de forma tão criptografada e tão ruim que eles não me entendem ou, então, eles são muito estúpidos ou intelectualmente desonestos. Todas as críticas que fazemos à conversibilidade têm a ver com a questão da Lei de Peel, da inconsistência entre a política monetária e o sistema de reservas mínimas fracionárias e a estabilidade monetária. Outra coisa que eles fizeram foi comparar com o caso do Equador, dizendo: "Bem... Na verdade, eles queriam sair da dolarização". De fato, um empresário com quem conversei e que havia se reunido com o presidente do Equador, disse: "Aqui a única política de Estado é a dolarização. É a única coisa que ninguém pode tocar". Justamente, Rafael Correa, aquele delinquente, quis remover a dolarização várias vezes, mas não conseguiu, porque as pessoas já sabem que os políticos são ladrões e querem enganá-las. Isso, sim, é um verdadeiro sucesso. Também não é verdade que o Equador não tenha crescido. Pelo contrário, cresceu muito. E não só isso, mas também, quando culpam a questão do *déficit* fiscal, o que de fato desejam? Financiá-lo novamente com emissão monetária? Ou seja, como não querem explicitar o ajuste, querem fazê-lo via emissão monetária. Ou por meio de outra instituição criminosa, o FMI, que faz com que esses países irresponsáveis não paguem suas contas e tenham a sorte de ter a contenção do Fundo e transferir o ajuste para outros. Outra aberração. Não poderia ser diferente, sendo mais uma invenção de John Keynes e Harry Dexter White (1892-1948), ou seja, Keynes, quase o segundo pior da história econômica, e White, um espião russo.

Então, para implementar a dolarização, o que proponho é olhar a economia a partir da lógica do chamado "modelo de equilíbrio geral de *stocks*" (veja a apresentação no final, que contém o exercício teórico e sua quantificação para o caso do país), onde basicamente vamos olhar os balanços dos agentes. Apresentarei as restrições financeiras de cinco agentes: o governo, o BCRA, o setor privado, o setor financeiro e o resto do mundo com quem negociamos. Isso nos permitirá quantificar o tipo de problemas que enfrentamos e como, a partir daí, a dolarização é implementada. Por exemplo, presumi uma taxa de câmbio de trezentos pesos. Aproveito para esclarecer uma coisa, que também é resultado da desonestidade intelectual: alguém disse que seriam necessários 70 ou 80 bilhões de dólares para dolarizar. É impossível ser mais mentiroso do que isso. Se hoje, a trezentos pesos, a base monetária está em torno de 14 bilhões de dólares e as LELIQs 24 bilhões de dólares, estamos falando de 38 bilhões de dólares. Como vou precisar de 70 a 80 bilhões de dólares? Não se pode ser tão desonesto intelectualmente. Ou, então, estamos lidando com o caso de um burro – sem querer ofender os burros.

Por exemplo, a gama de ativos financeiros que utilizei nesse exercício são os depósitos financeiros do BCRA, títulos de dívida no mercado, letras não transferíveis para o BCRA, dinheiro circulante em poder do público, depósitos privados em bancos, participações privadas em ativos financeiros, empréstimos tomados no sistema financeiro local, empréstimos no exterior, reservas internacionais líquidas, o circulante dos bancos (reservas obrigatórias) e as letras de liquidez do BCRA. Isso permite calcular a restrição de cada um, por exemplo, a restrição financeira do governo. E o que o governo fará? Fará depósitos no BCRA, mas colocará títulos e letras não transferíveis no BCRA. Se olharmos para o setor privado, o que ele tem? Ele tem moeda em circulação, os pesos que usamos para fazer transações, fazemos depósitos nos bancos, compramos títulos do governo, podemos ter ativos estrangeiros (esse é um elemento muito interessante, pois, de acordo com diferentes estimativas, os argentinos têm entre 200 e 400 bilhões de dólares fora do sistema), e depois temos os créditos, que é um passivo, e a dívida que assumimos no exterior.

Quanto ao mundo, nessa visão simplificada, pode comprar títulos do governo nacional, pode emprestar dinheiro ao setor privado, e o que ele tem como dívida? As reservas internacionais líquidas e o dinheiro que ele manteve como ativos próprios (que é um passivo para o resto do mundo). Com relação ao BCRA, basicamente o que permanecerá em seu balanço patrimonial serão as reservas internacionais líquidas, as letras intransferíveis e os títulos públicos que possui, e como passivos terá os depósitos do governo, o dinheiro em circulação entre o público e o circulante dos bancos, que constituem a base monetária e as LELIQs. E quanto à restrição financeira dos bancos, eles terão o circulante (as reservas obrigatórias), LELIQs, concederão empréstimos ao setor privado, comprarão títulos e têm os depósitos como passivo. Então, por exemplo, citando o caso dos depósitos do governo, por isso está no verde, e é um passivo para o BCRA, como tudo o que está no vermelho. Devo repetir a piada? Todo o montante em vermelho é sempre um passivo.

Vejamos o caso dos títulos públicos: é uma dívida do governo, que pode ser mantida pelo setor privado, pelo setor estrangeiro e pelos bancos. A soma é sempre zero, porque na economia financeira, onde há um passivo, deve haver um ativo. Vemos economistas dizendo: "[...] porque a bolsa de valores é uma casa de apostas". Eu lhes digo que, na verdade, por trás de cada passivo, que pode ser dívida ou *equity* (que é a dívida com os proprietários), há um ativo do outro lado. Ou seja, onde há um ativo, há um passivo do outro lado. Em economia financeira, isso é uma condição. As LELIQs, que são compradas apenas por bancos, são um passivo para o BCRA e um ativo para os bancos. A soma é sempre zero. Isso é chamado de "equilíbrio geral de *stocks*". Portanto, como já dissemos, é necessário implementar a transferência do sistema bancário para o Sistema Bancário Simons. A realidade é que, se houver hiperinflação, isso acontecerá muito rapidamente, porque ela destrói todos os ativos financeiros. Caso não surja uma situação com essas características, o tempo de migração de um sistema para outro é dado pela duração dos bancos. Hoje esse número gira em torno de dois anos e meio, mais ou menos. Assim que já estivermos no Sistema Bancário Simons, podemos ir para um sistema bancário livre. Não há mais razão para respaldar os bancos, não há razão para regulá-los, não há razão para atrapalhar. Então, nesse momento, haverá concorrência de moedas, e a moeda que os argentinos escolherem será aquela com a qual o BCRA será abolido e os ativos e passivos do BCRA serão liquidados. Basicamente, encontraremos os tipos de arranjos monetários que existem entre o sistema financeiro e o sistema monetário. O caso um é o pior de todos, que é o dinheiro fiduciário com taxa de câmbio flexível, e com o BCRA fazendo o que quer, ou seja, Keynes. O caso dois também seria com moeda fiduciária; a taxa de câmbio pode ser fixa ou variável, mas o BCRA segue uma regra (por exemplo, uma das coisas sobre as quais Milton Friedman debateu ativamente). Quando pensamos em conversibilidade, trata-se de moeda fiduciária, taxa de câmbio fixa e sistema de reserva fracionária. Então, agora, podemos passar ao caso de uma moeda comum, algo semelhante ao euro, mas adaptado para a América Latina, para ver como podemos tirar o BCRA das mãos dos políticos. Mas também há o problema do sistema de reserva fracionária dos bancos; então, uma eventual corrida aos bancos poderá gerar a necessidade de intervenção do BCRA. Depois, há o caso da Lei de Peel, padrão-ouro com reserva fracionária, que também gera alguns problemas: o dinheiro só é emitido com respaldo do ouro, mas pode não resistir a uma eventual corrida aos bancos. Portanto, um sistema melhor é o padrão-ouro com a reserva obrigatória de 100%. E o melhor sistema de todos, que é a livre escolha das moedas, que os bancos sejam livres e que cada um assuma as suas responsabilidades, isto é, basicamente o que estamos propondo. Observe como são injustos aqueles que comparam o que fizemos com o caso três, quando estamos falando do caso sete.

Feito isso, vamos direto para a implementação, vamos ver os números. Aqui são representações muito simplificadas e já são valores líquidos (por exemplo, os créditos já estão compensados, pois o BCRA recebe depósitos do governo, mas também tem dívidas com o governo, então todos esses valores estão simplificados). Partimos daí: reservas internacionais de 3 bilhões de dólares, dívida pública líquida de 65 bilhões de dólares, ou seja, teríamos um ativo de 68 bilhões de dólares para o resgate da base monetária e das LELIQs. Enquanto isso, temos na base monetária 14 bilhões de dólares e 24 bilhões de dólares em LELIQs, totalizando 38 bilhões de dólares. Portanto, para resolver este problema, precisamos de 38 bilhões de dólares.

E agora o que acontece? O problema é o que fazemos com as LELIQs. O problema é que elas estão nos balanços dos bancos, em pesos. Portanto, o BCRA tem 65 bilhões de dólares em dívidas com o governo e as LELIQs representam 24 bilhões de dólares. Uma das coisas que faremos é justamente reconhecer essa dívida, pois, ao fazer o balanço consolidado do Estado, restará como dívida do governo a base monetária, as LELIQs e a dívida de mercado. Assim, com esses 65 bilhões de dólares (a trezentos pesos a taxa de câmbio, que é a taxa de mercado), teremos de resgatar primeiro as LELIQs. O que vai acontecer? O instrumento será outro, um instrumento em dólares, que é líquido, de uma economia em que o problema da inflação acabou, e que, portanto, resolverá o problema dos preços relativos e permitirá recuperar a economia, em parte devido ao problema do desequilíbrio dos preços relativos e em parte porque será capaz de se expandir, pois haverá menos ruído.

Consequentemente, passaremos a uma economia melhor, em que o risco de contraparte será menor, além de ser um mercado totalmente líquido, pois teremos 24 bilhões de dólares disponíveis para negociar. Por isso, é falsa a alegação de que isso implica um plano Bonex[17]. Isso é mentira, porque estou negociando um instrumento que também tem uma qualidade de crédito muito superior à que os bancos têm hoje. Portanto, se não há corrida aos bancos hoje, como haverá se tivermos ativos melhores nos bancos? Feito isso, temos um líquido de 41 bilhões de dólares, ou seja, temos títulos equivalentes a 41 bilhões de dólares. Já resgatamos as LELIQs, então, agora, precisamos resgatar a base monetária, que é de 14 bilhões de dólares, mas temos 3 bilhões de dólares em ouro, ou seja, faltam 11 bilhões de dólares. Portanto, temos 41 bilhões em títulos para resgatar 11 bilhões de dólares. Isso implica que, se os títulos da Argentina estivessem cotados a 27%, poderíamos vender esses títulos, receber 11 bilhões de dólares, resgatar a base monetária e acabar definitivamente com o problema da inflação na Argentina.

Vamos supor um caso extremo, em que esses títulos não valessem nada, que as reservas fossem zero, que o ouro desaparecesse etc., por que mesmo podendo tomar emprestado 14 ou 15 bilhões de dólares para, por exemplo, financiar o *déficit* fiscal, eles não querem assumir essa mesma dívida para acabar com o problema da inflação na Argentina? Não se pode ser tão imoral assim. Mas mesmo que digam que não vão assumir essa dívida, porque preferem gastar eles próprios e continuar enganando os argentinos de bem, eu afirmo que é necessário resgatar 11 bilhões de dólares com os títulos de 41 bilhões de dólares. As ações do Sri Lanka hoje estão sendo negociadas entre 40% e 50%; a Ucrânia, hoje, mesmo com a ocupação russa, tem menos risco-país do que a Argentina. Então, por que não podemos fazer isso? Não só seremos capazes de fazê-lo, mas

---

17. Plano aplicado na Argentina em janeiro de 1990 pelo então ministro da Fazenda Ermán González e que consistiu na transformação forçada nos depósitos de trinta dias que as pessoas mantinham nos bancos por bônus em dólares com dez anos de prazo denominados Bonex.

aqueles que o fizerem também farão um grande negócio. Portanto, o instrumento que vamos usar para fazer essa transação tem que ter uma opção de venda, porque quando subir muito, resgataremos esses títulos. E vamos fazer a dívida cair. Então, o problema é: por que eles querem inflação? Senhores políticos, queremos ser livres, parem de nos molestar, parem de nos roubar com essa aberração que é o imposto inflacionário, que não só prejudica o crescimento, mas também atinge em cheio os mais vulneráveis! Vamos acabar com esse privilégio da casta política e alcançaremos uma liberdade com igualdade perante a lei.

Viva a liberdade, caralho! Viva a liberdade, caralho! Viva a liberdade, caralho!

>> PARTE 3 <<

Concorrência de moedas, dolarização e reformas estruturais para uma Argentina melhor

Conversa em off, janeiro de 2023

LA OFERTA MONETARIA

5. DINERO EXÓGENO
   ⇒ CANTIDAD ÓPTIMA DE DINERO

$$m^* = \frac{M^S}{P} = \ell(..)$$

$$\Rightarrow P = M^S/\ell(..)$$

6. DINERO ENDÓGENO
   ↳ Patrón Externo
   ↳ " Mercancía
   ↳ " Trabajo

7. PATRÓN CRÉDITO

→ control Tasa de interés (i)
→ EL MODELO BOOM & BUST
   ↳ EXPANDE
   ↳ CONTRAE } MEJOR NO ACTUAR

→ INFORMACIÓN PARA HACER DINERO

A primeira coisa a entender é por que existe o Banco Central. Sua função básica é ser um credor de última instância. Na Parte 1 deste livro, dissemos que a Escola de Salamanca[18] é a primeira a delinear a teoria quantitativa: se a quantidade de dinheiro aumenta, o nível de preços, por sua vez, também aumenta, ou a moeda perde poder de compra, e todos os preços expressos em unidades monetárias sobem. Essa é a definição correta. Assim, os primeiros esboços da teoria quantitativa são anteriores a Hume e estavam na Escola de Salamanca desde meados do século XVI. Essa escola entendeu o problema porque a Espanha foi a primeira a sofrer a inflação do padrão-ouro: o metal, vindo da América, entrou em grandes quantidades no país e perdeu poder de compra. Aquele ouro que entrou na Espanha encareceu-a e a fez perder competitividade, de modo que o ouro foi para os demais países, entrou nas outras economias, e assim os preços também subiram até se equilibrarem. Isso deu origem ao modelo de ajuste-espécie, ou também conhecido

---

18. "Este preço justo é aquele preço à vista que circula publicamente, utilizado nesta semana e neste exato momento, como se costuma dizer no mercado, não havendo nele força nem engano, embora seja mais variável do que o vento, como a experiência nos ensina. O que ontem valia cinquenta ducados, como a cochonilha (corante vermelho para alimentos, tecidos e cosméticos), hoje vale trinta, seja porque chegou uma grande quantidade vinda do México ou porque alguém de Florença escreveu alguma carta dizendo que não havia passagem para a Turquia ou por outros dois mil motivos, que todos conhecemos e parte deles foram registrados ao longo da história. Disse 'não havendo engano', porque pode haver engano neste assunto de duas maneiras: ou na mercadoria, se esta for defeituosa, ou no comerciante, que exerce sua arte de forma enganosa, fazendo conluio com seus comparsas e companheiros para que o preço não diminua. Num caso ou noutro, muitas vezes há pecado e muito a dizer" (TOMÁS DE MERCADO, *Summa de Tratos y Contratos*. Sevilla, 1571).

como modelo de paridade de poder de compra, uma extensão da lei do preço único a uma economia aberta: o preço local é o preço internacional multiplicado pela taxa de câmbio. Uma espécie de teoria quantitativa, mas para economias abertas.

Agora, aquela situação que os mergulhou no problema da inflação tem outra questão a considerar, relacionada ao sistema financeiro, porque os bancos podiam emitir dinheiro. Foi então que surgiu um debate entre a escola monetária, que se centrava nos efeitos da emissão de moeda no nível de preços, e a escola bancária, que tinha a ver com o funcionamento do sistema bancário e como ele poderia impactar a quantidade de dinheiro e o nível de preços. Todo esse debate na Espanha passou pela Escócia e Itália, convergiu na Inglaterra na primeira metade do século XIX e, enfim, foi sintetizado na chamada Lei de Peel, um sistema de câmbio fixo com um sistema financeiro de reserva fracionária.

Essa combinação é a forma intermediária em que permanece o debate entre a escola monetária e a escola bancária, porque há uma linha da escola monetária que diz que é preciso ter uma reserva obrigatória de 100% (reserva de valor, uma espécie de cofre) e por outro lado, um banco de investimento separado (no qual se ganha juros mediante risco), ou seja, é mais ou menos a ideia do Sistema Bancário Simons. Atualmente nos encontramos diante de uma monstruosidade do Banco Central com um sistema financeiro de reserva fracionária e forte controle sobre os bancos, enquanto a autoridade monetária brinca de ser Deus. É possível ter reserva obrigatória de 100% com um Banco Central (solução de Allais[19]). E também poderia ser o caso sem um Banco Central (sistema bancário livre) com reservas fracionárias, que é a solução pura da escola bancária. Já a escola austríaca, esta propõe padrão--ouro, sistema bancário livre e reservas obrigatórias de 100% nos bancos comerciais.

---

19. Maurice Allais (1911-2010), economista francês, vencedor do Prêmio Nobel de Economia em 1988.

Assim, nesse contexto, o sistema da Lei de Peel degenerou em um sistema com um Banco Central que não vincula a sua moeda ao ouro (moeda fiduciária) e um sistema financeiro com reservas fracionárias; o problema do sistema financeiro de reserva fracionária é que, sendo um intermediário a prazo, ele pega dinheiro a descoberto e empresta a longo prazo. O problema ocorre em uma eventual corrida aos bancos, pois, pela lógica do próprio banco, ele não terá recursos (o dinheiro está emprestado) para honrar todos os depósitos em determinado prazo ou período. Então, o Banco Central também regulamenta a concessão de créditos e os qualifica. Com base nisso, se a corrida bancária for apenas pontual, do dia a outro, a situação resolve-se com o que chamamos de *call money*, em que o banco pede dinheiro emprestado a outro banco por um dia para cobrir a posição de caixa. Porém, quando o problema é mais complicado, os créditos são entregues ao Banco Central e em troca ele entrega o dinheiro, uma operação chamada "redesconto", e o dinheiro é devolvido ao depositante. O problema é que os redescontos são concedidos imprimindo dinheiro e isso ataca a moeda. Portanto, se o problema for pontual, não é uma complicação grave, mas se for sistêmico, a corrida financeira conduz a uma corrida cambial e a uma crise na balança de pagamentos.

Em suma, o verdadeiro papel do Banco Central seria o de credor de última instância, em questões que têm a ver com os problemas de descasamento de vencimentos e descasamento de taxas de juro. Fora isso, não tem outra função. Existe um mito que o define como o guardião do valor da moeda, mas, claro, isso não é realidade na Argentina. Mais do que o guardião da moeda, ele é a raposa do galinheiro.

Nesse sentido, é verdade que a função geral dos bancos centrais é preservar o valor da moeda (embora, claro, com algumas exceções). Isso acontece, por exemplo, com o Banco Central Europeu. Nos Estados Unidos, possui um duplo mandato: trata do desemprego e da inflação e, nesse contexto, procuram uma forma de cumprir essa dupla função e como movimentar as taxas de juros com relação às dinâmicas de curto, médio e longo prazo. A forma como o Banco Central Europeu ajusta um choque não é a mesma que a do Federal Reserve nos Estados Unidos. Mas isso tem a ver com uma das deformações do Banco Central, porque se trabalhar o valor da moeda, o setor privado poderia fazer isso sem problemas. Para resolver essa questão, o Banco Central teria de saber quais são as preferências de todos os agentes da economia no passado, presente e futuro, e também as preferências destes agentes sobre bens do passado, presente e futuro. Para isso, também deveria conhecer a taxa de referência intertemporal, para saber como será a trajetória do consumo. Da mesma forma, seria necessário conhecer a forma de toda a produção e até mesmo o processo tecnológico e as taxas de amortização de cada um desses bens no passado, presente e futuro. Ou seja, precisaria ser onisciente, onipresente e onipotente: se lhe fosse enviado um sinal ou impulso de política econômica, a resposta teria de ser perfeita. O Banco Central deveria ser Deus. Ou seja, podem ser pessoas muito inteligentes, mas não são Deus. É por isso que Hayek chamou isso de "arrogância fatal"[20]. De fato, Hayek dizia que a missão fundamental de um economista é mostrar aos políticos tudo o que não sabemos.

---

20. "Os socialistas veem as coisas de forma diferente. Não se trata apenas de chegar a conclusões diferentes: eles percebem a realidade de forma diferente. O fato de que os socialistas erram em questões factuais tem – como enfatizarei mais tarde – importância crucial para minha linha de raciocínio. Se sua interpretação da ordem social – bem como as alternativas que propõem – refletisse verdadeiramente a realidade, estaria plenamente disposto a aceitar que é responsabilidade dos seres humanos garantir uma distribuição de renda que de alguma forma se alinhe a certos princípios morais. Também estaria disposto a admitir que, para tal, deveria ser atribuída a alguma autoridade central a responsabilidade de definir o destino dos diferentes recursos, mesmo que isso implicasse a supressão da propriedade privada dos meios de produção. Se, por exemplo, fosse verdade que a gestão centralizada da economia é capaz de alcançar um produto global pelo menos semelhante ao atual, surgiriam, sem dúvida, problemas morais difíceis sobre como tais recursos deveriam ser distribuídos de forma justa. Porém, a realidade é totalmente diferente. Pois, com exceção do mecanismo pelo qual o mercado competitivo distribui renda, não existe nenhum método conhecido que permita aos diferentes atores descobrir como podem melhor direcionar seus esforços a fim de obter o maior produto possível para a comunidade" (HAYEK, Friedrich A. *La Fatal Arrogancia*. Madrid: Unión Editorial, 1988).

Portanto, interferir nesse tipo de coisa implica que tudo vai dar errado e que, na verdade, o único mecanismo que a sociedade descobriu ao longo de sua existência é a economia de mercado. Isso está presente na obra de Hayek e está relacionado ao uso do conhecimento na sociedade, em que cada pessoa, guiada por seu próprio interesse, contribui para o bem-estar geral, uma versão mais sofisticada do que aquela intuída por Adam Smith. A contrapartida é o sistema de preços. O sistema de preços contém e transmite essas informações. E as pessoas, sem perceber, cooperam com o bem-estar geral, alcançando os próprios objetivos. O sistema de preços é uma maravilha, é uma invenção do homem, provavelmente uma das mais importantes da história da humanidade e, além disso, não foi inventado por ninguém em particular, mas a própria interação social o desenvolveu. O debate entre Mises e Oskar Lange (1904-1965) sobre a impossibilidade do socialismo teve principalmente a ver com o funcionamento do sistema de preços, a impossibilidade do cálculo econômico no socialismo. Por exemplo, se vou vender meu caderno com todas as minhas anotações, o comprador me pagará algo pelo caderno, e essa troca voluntária se converterá em um preço. Assim, uns vão querer comprar, e outros vão vender e, então, se a quantidade que desejam comprar ultrapassar a quantidade oferecida, o preço subirá e vice-versa. Portanto, o sistema de preços é um mecanismo de transmissão de informação, coordenação e ajuste. Porém, todo esse processo se baseia no fato de existir propriedade privada; se não houver propriedade privada, não é possível fazer qualquer cálculo econômico e, portanto, não há preço, não há transmissão de informação e, consequentemente, não há coordenação, e o ajuste desvia-se exatamente na direção oposta à desejada, de modo que tudo termina em desastre, como todos os experimentos socialistas. Essa é uma parte, mas, entrando agora na linha da arrogância fatal, a impossibilidade do socialismo inclui outras questões. A primeira: como coletar todas essas informações? É impossível. É necessário rastrear todas as quedas dos socialistas (Salvador Allende [1908-1973] é o caso mais emblemático). Sempre diziam que estavam prestes a conseguir que o computador fosse capaz de fazer todos esses cálculos. Lembro-me de Axel Kicillof dizendo que a União Soviética caiu porque não tinha Excel, quando na realidade, juntamente com os americanos, eles tinham os melhores matemáticos do mundo. Enviaram foguetes para a lua e até conseguiriam inverter a matriz de insumo-produto. Não há como ser mais estúpido do que isso.

Vamos continuar... E vamos pensar, vamos imaginar, que alguém poderia, de fato, ter todas essas informações, muitas das quais são subjetivas, mas, ainda assim, apareceriam todas no computador, que seria capaz de calculá-las de toda forma (sabemos que não é possível, porque há coisas que vamos querer amanhã e que ninguém sabe: não há como prever ou planejar isso). Mas, à parte disso, dentro do problema estático está o fato de a informação utilizada no mercado ser uma informação relacionada a know-how. Digamos o seguinte: quero enterrar a bola como Michel Jordan fazia. Ele chega e me conta como fazia, coloca no papel e pede para eu fazer. Eu poderia fazer isso? Não. Claro que não. Mesmo que eu tivesse as técnicas por escrito, não conseguiria. O outro problema é que não apenas é necessário coletar todas essas informações, mas muitas informações que são importantíssimas para resolver os problemas do mercado exigem um know-how que não temos.

Além disso, o mercado é dinâmico: um mês antes da Argentina vencer a Copa do Mundo, não se sabia qual seria a demanda pelas camisas da Seleção. Então, dependendo de como um tema ou evento se desenvolve, é preciso expandir ou contrair: o mercado é um processo de descoberta. Portanto, quando alguém descobre a informação, ela já é antiga, e gera-se uma situação em que o socialismo, se agir, causa danos. Portanto, a melhor coisa que se pode fazer é não agir. A situação foi toda desenhada para controle, mas o ideal é não controlar. Uma contradição em termos.

O socialismo é um erro teórico. Por isso funciona sempre mal e, onde quer que suas receitas sejam aplicadas, acaba gerando pobreza. Foi um fracasso econômico, social e cultural, e 150 milhões de pessoas foram mortas em nome dessa causa. É uma loucura.

Nesse contexto, vemos que é impossível fazer esses cálculos: daí "a arrogância fatal". E a solução, que é sempre o livre mercado.

A moeda é igual a qualquer outro ativo. Não faz sentido determinar a quantidade ideal de bens. Alguém já pensou em definir a quantidade ideal de tomate ou alface na economia? Na realidade, deixando o sistema de preços fluir, todos os agentes farão essa conta, porque o farão com o único fato de querer implementar os recursos de que dispõem para chegar a uma situação melhor. Esse mero ato e todas as trocas associadas levarão a uma situação melhor. Eles não precisam saber como resolver o mecanismo de otimização; eles agem como se soubessem. Se sabemos que todas estas coisas não podem ser feitas, por que acreditamos que podem ser feitas a partir do Banco Central? Por que temos que aceitar que eles são iluminados? Por que tenho que aceitar que eles são tão esclarecidos que estão na categoria de Deus?

A quantidade real de dinheiro na economia é determinada pelos indivíduos. A derivação da demanda por moeda é como a derivação de qualquer outro bem. Todos os preços entram em excesso de demanda, porque dentro deles, por exemplo, está o salário, e de acordo com esse salário é vendida uma determinada quantidade de produtos ou serviços. Portanto, desde que tenham os preços, então pronto, porque aí está implícita a sua renda. Além disso, os preços futuros também entram no jogo, porque vamos continuar vivendo. E a relação entre os preços atuais e futuros é a taxa de juros. Então, como a procura real de moeda tem de ser igual à oferta real de moeda (quantidade nominal de moeda dividida pelo nível de preços), o nível de preços será dado pela oferta de moeda dividida pela demanda por moeda. Quando a oferta de moeda aumenta, a consequência será um nível de preços mais elevado.

A única coisa que o Banco Central pode determinar é a escala nominal da economia; portanto, quanto mais pesos forem emitidos, maior será a escala da economia, pois implicará um nível de preços associado a esta nova quantidade de dinheiro. O problema é o que querem fazer com o Banco Central, pois se a única coisa que podem fazer é determinar a escala nominal da economia, o que importa se alguém tem 10 notas ou 50 mil notas? No final das contas, o que mudará é o nível de preços. A realidade é que, se existisse um sistema de livre escolha de moeda, esta seria escolhida pelo setor privado. Ao longo da história da humanidade, a moeda escolhida foi diferente, desde o gado e o trigo, passando pelas moedas metálicas até a moeda fiduciária de hoje.

A realidade é que estamos propondo uma reforma monetária que elimine o Banco Central, seja na versão de Emilio Ocampo[21] (bancos *off-shore* sem formato pré-determinado) ou na nossa (bancos *off-shore* em um Sistema Bancário Simons). A versão de Emilio tem a vantagem de poder ser feito muito mais rápido; o nosso modelo é mais "purista", mas requer mais tempo, e na política isso pode ser um fator totalmente determinante. Por isso, estamos convencidos a adotar sua proposta. O argentino já escolheu o dólar; agora, se ele quiser escolher o euro, o iene, a libra esterlina ou negociar em yuan ou soja, sem problema. O que eu quero é tirar a gestão do Banco Central das mãos dos políticos, porque é o instrumento mais desastroso e socialista que as economias têm.

Esta discussão tem três dimensões. Uma é de natureza moral e, para mim, é a mais importante. Minha pergunta é: você é a favor do roubo? Ninguém é. Então, se você não é a favor do roubo, como defender a existência do Banco Central? Repito muito (inclusive neste livro) um exemplo que deveria servir para acabar definitivamente com todas as mentiras. Mas vamos de novo... Suponha que eu tenha uma economia que faça transações em moedas de ouro. Então, aparece um amigo meu que é físico e outro que é químico e conseguem transformar plástico em ouro. Começamos a comprar plástico e a transformá-lo em ouro. É ouro falso, ninguém percebe. Agora, suponha que tenhamos todo esse ouro falso em casa, ou que o usemos para decorar as paredes. Ali não afetamos a propriedade

---

[21]. No site de Emilio Ocampo há uma grande quantidade de artigos e debates sobre o tema da dolarização, disponíveis em https://emilioocampoblog.wordpress.com/.

de ninguém, nem seu direito à vida, nem sua liberdade; até então não estamos afetando a vida de ninguém. Mas, o que acontece se tivermos barras de ouro e propusermos a alguém que troquemos uma barra por outra? É estranho. Então, lhe dizemos que daremos duas barras em troca de sua barra. Quando a esmola é grande, até o santo desconfia. Não há problema se essa pessoa desconfiar, afinal, é uma fraude. Mas os políticos não são tão descarados: eles misturam moedas falsas com moedas reais e colocam-nas para circular. Isso aumentaria a quantidade de ouro sem qualquer contrapartida de demanda, diminuiria o poder de compra do ouro e faria com que todos os preços expressos em ouro subissem. A inflação é basicamente a manifestação da fraude. Mas a fraude não é a única coisa que gera inflação. É algo muito maior, pois se trata de senhoriagem. Ou seja, a fraude infla a quantidade de dinheiro e, como consequência, os preços expressos em unidades monetárias aumentam. Isso é emitir moeda sem lastro. Se for emitido com respaldo de barras de ouro, não há problema, ou créditos bancários, também não há problema (mas depois é necessário devolver esse dinheiro). O Banco dos Estados Unidos devolveu cerca de 99% dos empréstimos após a Grande Depressão. Então, a verdadeira fraude é quando emitem moeda para financiar o tesouro. Essa operação tem um nome técnico, senhoriagem, e o conceito vem de uma prerrogativa do "senhor feudal".

O segundo problema da dolarização é de natureza técnica: como é feita. Este governo de ladrões roubou dos argentinos pouco mais de cinco pontos do produto interno bruto (PIB) por ano. Não é uma piada. Vamos rever o Código Penal para ver quais dos crimes existentes chegam a 25 bilhões de dólares por ano. Isso é um verdadeiro roubo. Além disso, tem duas consequências muito negativas. Em primeiro lugar, o imposto inflacionário atinge os mais vulneráveis entre 25 e 30 vezes mais fortemente, pois aqueles que têm menos são os que, proporcionalmente, têm mais dinheiro físico nos bolsos. E não só isso, mas também, à medida que o funcionamento do sistema de preços é distorcido, há menos investimento, o que leva a menos acumulação de capital e, consequentemente, menor produtividade e salários menores. Ou seja, ele ataca em todos os lados. Além disso, se existir um mercado de trabalho inflexível, não haverá novas vagas de emprego.

Portanto, já percebemos que o Banco Central é algo nefasto. Grande parte desse dano gerado tem a ver com a existência do Banco Central. Devemos acabar com o dirigismo monetário. Como faremos isso? Duas forças atuam aqui. Uma delas é a que preços são cotados os títulos públicos que o Banco Central possui em carteira, porque, quando o governo tira os dólares do Banco Central, em troca lhe dá um título que fica registrado em seu ativo. Por outro lado, existem as LELIQs, que são um passivo remunerado, e a base monetária é um passivo não remunerado, e a chave para a "dolarização" é como resgatamos esses passivos com o ativo. Portanto, é fundamental saber quanto valem os títulos públicos, qual o nível de reservas, quantos pesos estão circulando e qual é a taxa de câmbio do mercado. Com esta construção, dados os valores dos títulos públicos, é possível saber quantos dólares existem dentro do Banco Central, e os passivos deverão ser resgatados com esse ativo. Então, precisamos ver como está essa conversão em relação à taxa de câmbio. Suponha que a taxa de câmbio seja de 350 pesos. Nesse caso, os títulos públicos precisariam ser cotados a 20% da paridade para poder dolarizar; se estivessem cotados em 30%, então seria possível. Se isso acontecesse, a economia poderia ser dolarizada, porque isso tem a ver com o resgate desses passivos.

Então, se concordamos no aspecto moral e técnico, por que não o fazemos? Por causa da terceira etapa: o problema político.

Quem é o primeiro a beneficiar-se com a emissão de dinheiro? Aquele que recebe primeiro. Na teoria monetária, isto é chamado de "efeito Hume-Cantillon". Quem recebe o dinheiro primeiro está cobrando os preços de hoje e pagando pelos preços de ontem. E há alguns que ficam para trás e que pagam os preços de hoje, mas recebem baseado nos preços de ontem. Quem são estes? Os trabalhadores. Isso significa que é importante ser o primeiro na fila de quem recebe. E quem gasta o dinheiro quando sai da Casa da Moeda? O Estado, os políticos. Isto significa que os beneficiários da senhoriagem são os políticos. É isso que precisamos entender: que existe inflação porque existem políticos ladrões, que não se importam com o povo, pois a única coisa que lhes interessa é seu próprio bem-estar.

Além do mais, a divisão política nem é real. Se o partido *Juntos por el Cambio* ganhasse, quantos integrantes do *La Cámpora*[22] ficariam desempregados? Ninguém. Já aconteceu com o governo de Macri. Façamos assim: se a *Frente de Todos* ganhasse, quantos da oposição ficariam sem emprego? Ninguém. Eles são cúmplices. São sócios. Eles não têm problemas em ganhar ou perder uma eleição; o que eles não podem é perder o poder. Por isso eles odeiam os outsiders. Provavelmente, sou o antikirchnerista mais fanático do país. No entanto, por que o *Juntos por el Cambio* me ataca e não luta contra os kirchneristas? Por que eles alocam tantos recursos para me perseguir e montar operações contra mim? Porque se a *Frente de Todos* vencer, o negócio continua; se o *Juntos por el Cambio* vencer, os negócios continuam. São políticos profissionais, vivem disso, vão ganhar mais ou menos, mas o roubo vai continuar.

Melhor olharmos para o futuro: o Banco Central extinto e a economia dolarizada. Para ser realista, a fórmula para decolar este país levará muitos anos, 35 ou 40 anos pelo menos. A primeira coisa a fazer é reduzir a inflação significativamente. Se a questão monetária fosse detida hoje, dentro de dois anos não haveria mais inflação, mas a decisão política deve ser tomada. No meu caso, essa decisão já está tomada. Se o efeito Hume-Cantillon prejudica os trabalhadores, quando o processo é invertido é o contrário: quem ganha são os trabalhadores. Hoje, a Argentina tem o segundo menor salário em dólares da América Latina. Esse salário está de acordo com a produtividade dos argentinos? A fraude monetária

---

22. *La Cámpora* é uma organização política juvenil argentina que apoia os governos de Néstor Kirchner, Cristina Kirchner e Alberto Fernández.

é tão grande que se manifesta em salários miseráveis em termos de dólares. Isso significa que, quando a dolarização for feita, quando os preços relativos forem recompostos, os salários em dólares voarão.

Quando os salários em dólares voarem, com o preço dos alimentos definidos, haverá uma queda acentuada da pobreza e da indigência e um enorme ganho de bem-estar, pelo simples fato de ter feito uma mudança monetária que acaba com a fraude. E, além disso, à medida que o funcionamento do sistema de preços se normaliza, haverá também efeitos expansivos no desempenho econômico. Se somarmos a isso reformas estruturais, começa o crescimento.

Por isso, falamos de reformas de três gerações, onde a primeira fase, paralelamente à reforma monetária e financeira, consiste em:

- Uma reforma do Estado por meio da redução de ministérios (estou pensando em uma estrutura de oito ministérios: Economia – que inclui Energia, Agricultura, Trabalho, como a que existiu na conversibilidade com Domingo Cavallo, um ministro poderoso –, Infraestrutura, Relações Exteriores, Capital Humano – que inclui Infância, Saúde, Educação e Trabalho –, Segurança, Defesa, Justiça o Ministério do Interior), reduzir a despesa pública, reduzir os impostos e eliminar regulações;
- Reformar o sistema trabalhista, passando para um sistema de seguro-desemprego;
- E a abertura da economia.

Esse conjunto de reformas gerará pelo menos quinze anos de forte crescimento econômico sem considerarmos choques externos, sejam eles positivos ou negativos (por sua característica, deveriam ser uma espécie de "ruído branco"). O que acontece é que, em um período tão longo, certamente haverá choques externos negativos e positivos, mas em média isso desaparece e o valor da reforma permanece. Uma vez concluídas as reformas da primeira geração, as portas se abrirão para a segunda geração. Com este forte processo de crescimento econômico, que também será muito intensivo na questão de trabalho e mão de obra, haverá um aumento da população economicamente ativa (PEA). Ao aumentar a PEA, o emprego e os salários reais, modificam-se as condições do sistema previdenciário e podemos avançar para uma reforma desse sistema sem afetar os direitos adquiridos, com a qual há um novo ciclo de poupança para crescer mais. Além disso, podemos realizar uma reforma do Estado relacionada ao funcionalismo público, com um programa de demissões voluntárias. Também, à medida que houver expansão (isso tem a ver com a reforma silenciosa e com o que será o nosso Ministério do Capital Humano, que inclui Infância, Saúde, Educação e a saída dos planos sociais), os planos acabarão gradualmente, pois as pessoas não precisarão mais deles. Esta é outra rodada de crescimento. E com este regresso ao crescimento será possível avançar nas reformas de terceira geração, isto é, uma reforma do sistema de saúde e uma grande reforma da segurança e da educação, para que seja um sistema mais competitivo capaz de gerar capital humano de excelente qualidade (que permite crescer muito mais). Do outro lado, em algum momento, a reforma do sistema de coparticipação deverá ser introduzida para acabar com o câncer que é a falta de correspondência fiscal entre quem arrecada e quem gasta.

Se fizermos tudo isso, o qual chamamos de "convergência", levaremos entre 35 e 40 anos para sermos um dos países mais ricos do mundo. Há quem diga que é muito, mas quando alguém corre uma maratona de 42 quilômetros, em algum momento o primeiro passo deve ser dado.

Mas também há boas notícias: dois terços da melhoria ocorrem em um terço do tempo. O restante é ajuste fino: é implantar reformas após reformas para ter novos impulsos para o crescimento econômico. Contudo, para que tudo isso seja possível, o sistema de preços tem de funcionar, e se existe um Banco Central que causa desastres monetários constantemente, é muito difícil.

Ora, resolver o problema monetário não resolve os outros problemas. O problema fiscal deve ser resolvido com política fiscal. Se o gasto é maior do que os ganhos, é necessário reduzir o gasto.

Em uma casa, quando os gastos excedem a renda, não saímos para roubar. Bom, quando o Estado aumenta impostos é roubo, porque tira dinheiro do bolso das pessoas; quando emite, é roubo; quando contrai dívidas, isso é um roubo das gerações futuras. Então, temos que reduzir gastos.

O que aconteceu no Equador é muito interessante. Lá eles dolarizaram a economia, e os próprios políticos perceberam que não podiam se dar ao luxo de gastar mais do que o que estava entrando. Assim, eles automaticamente tiveram que colocar as contas em ordem. Além disso, há muitos economistas mentirosos que são tecnicamente muito ruins e também são ladrões trabalhando para políticos ladrões, que saíram para falar mal da dolarização e disseram que o Equador é um fracasso. A única política de Estado que o Equador tem é a dolarização. O ladrão Rafael Correa queria removê-la, mas não conseguiu, pois era a única coisa mais popular no país do que o próprio Correa. E todos os problemas que podem surgir no Equador hoje têm a ver com a política fiscal maluca de Correa, não com a dolarização.

O caso paralelo ao do Equador foi o da Venezuela, que decidiu adotar a proposta dos economistas argentinos, parceiros de políticos ladrões, algo que não deve ser feito. Se observarmos o ranking de salários na América Latina, veremos que o Equador está no topo.

Portanto, a dolarização é um bom negócio para as pessoas, mas, é claro, não permite que os políticos roubem.

Outra coisa que eles dizem: "Bem, mas há rigidez no mercado de bens...". Isso é outra bobagem. Eu pergunto: não existem mercados de futuros? Aliás, temos negociado em mercados futuros há séculos. Se as pessoas concordarem e fizerem seus contratos em sua própria moeda, o problema acabará.

E outra bobagem que circula por aí é que pode haver um problema de desemprego. O problema do desemprego é um problema de rigidez no mercado de trabalho, e isso se resolve reformando o mercado de trabalho, não emitindo dinheiro e criando um desastre inflacionário.

A qualidade da discussão dos economistas argentinos é muito ruim, em parte porque eles são tecnicamente ruins e em parte porque trabalham para políticos. Além disso, a grande maioria dos economistas acredita que a inflação é multicausal. Eles enganam tanto as pessoas que até mudaram a linguagem e a definição das coisas para continuar metendo a mão no bolso das pessoas. Porque quem administra a cultura administra o poder. Por isso, investem tanto em cultura, porque ela determina a maneira pela qual a ordem política será definida.

Esse é o grande problema da educação pública, independentemente de ser privada ou estatal: o Estado não nos dá a educação de que precisamos, mas aquela que serve para nos escravizar. Há pessoas que dizem que o Estado é bom, que está presente, que cuida de você... Que fique claro: o Estado não é bom e é uma organização criminosa que vive de uma fonte de renda, ou seja, os impostos, que são um roubo.

O Estado está mal. Sua existência não pode ser endossada. Ele pode ser eliminado instantaneamente? NÃO. Mas isso não significa que não devamos trabalhar para reduzi-lo ao mínimo, pois quanto menor o tamanho do Estado, maior a liberdade, e a luta pela liberdade não é negociável.

VIVA A LIBERDADE, CARALHO!

DOLARIZAÇÃO

1. O Debate
2. Equilíbrio Geral de *Stocks*
3. Implementação

O DEBATE

- **1.1. PRIMEIRO OS DADOS**
  - História da inflação na Argentina
  - Efeitos da inflação
    - Distorção dos preços relativos
    - Redução dos prazos de investimento
    - Redistribuição de renda
    - Efeito Hume – Cantillón

  - Distorção na alocação de recursos
  - Queda do investimento
  - Queda do crescimento

O DEBATE

- 1.2. NATUREZA MONETÁRIA DA INFLAÇÃO

  – Economia de troca — Impossibilidade de inflação na economia de troca
  - Dupla coincidência
  - Indivisibilidade
  - Bem de troca indireta

O DEBATE

- 1.2. NATUREZA MONETÁRIA DA INFLAÇÃO

  – Propriedades do dinheiro — Uso generalizado de moedas metálicas
  - Reserva de valor
  - Unidade de conta
  - Meio de pagamento generalizado
    – Curso forçado (Gênova 1445)

O DEBATE

- **1.3. OURO, DINHEIRO E INFLAÇÃO**
  - A economia do ouro
    - Ouro como numerário (BII)
    - Falsificação
    - Fraude
  - A Espanha descobre a América: Inflação
    - Escola de Salamanca
    - David Hume: Modelo ajuste-espécie
    - Economia aberta e lei do preço único

  - Teoria Quantitativa
    ↓
  - PPC

O DEBATE

- **1.3. OURO, DINHEIRO E INFLAÇÃO**
  - Dinheiro e inflação
    - Demanda por moeda ⟶ $L(Y, i=r+\pi)$
      $(+)\ (-)$
      - Equilíbrio Geral → 1 período
      - Equilíbrio Geral → T períodos
      - Equilíbrio Monetário

$$m^* \frac{M^s}{P} = \ell^*(y, i) \equiv \ell^*(P^i_t) \quad \begin{matrix} i = 1, \dots, N \\ t = j, \dots, T \end{matrix}$$

$P - M^S/\ell^*(\dots) \quad M^S \quad P$

Escala Nominal
$\nexists\ M^S$ Óptima

O DEBATE

- **1.3. OURO, DINHEIRO E INFLAÇÃO**

  – Modelos de oferta de moeda
  - Exógena
  - Endógenas (padrões)

  - Mercadoria
  - Trabalho
  - Crédito
  - Externo

  - Inflação estrutural
  - IF
  - TCF / Conv.

O DEBATE

- **1.3. OURO, DINHEIRO E INFLAÇÃO**

  – A Conversibilidade
  $$\Delta BM^S \equiv E.\Delta R = \Delta R$$
  $$E \to \$1 = USD1$$

  – Equilíbrio de Câmbio Fixo
  $$BM^D = BM^S \equiv RI + DC$$
  $$RI = BH^D - DC$$

  – Independência do BCRA
  - Clareza da regra (caja de conversión)
  - Popularidade → Vencer as eleições
  - Estrutura contratual

O DEBATE

- **1.3. OURO, DINHEIRO E INFLAÇÃO**
  - Problemas de estruturação
    - Lei de Peel (1844)
      - Debate: CS vs. BS
        - Caja de conversión + Sistema Financeiro de Reserva Frac. (Padrão-ouro)
          - Vulnerabilidade contra corridas bencárias
          - Regulação do sistema financeiro
          - Riscos ⎰ Contraparte
                       Descasamento de vencimentos
                       Taxa de juros
                       Moeda

            Riscos sistêmicos ↔ Contraparte → Governo
                                         Conversibilidade

O DEBATE

- **1.4. ELIMINAÇÃO DO BANCO CENTRAL**
  - Migração do EF. ⟶ Sistema Bancário Simons
    - Reserva de valor ⎱ Bancos Off-Shore
    - Bancos de investimento
  - Sistema bancário livre
  - Livre Concorrência de Moedas (LCM)
    - LCM com BC → Caso Peru (DFC), União Europeia (FS)
    - LCM sem BC → [ABL (h)]
    - Caso particular: DOLARIZAÇÃO

O DEBATE
CRÍTICAS E REFUTAÇÕES

1. Perda de senhoriagem
2. Perda do controle da taxa de juros
3. Perda de controle M^s e Ciclo Econômico
   - Natureza do ciclo econômico
     – Rigidez do mercado de bens
     – Rigidez do mercado de trabalho
     – Informações assimétricas nos mercados financeiros
     – Falhas de coordenação

O DEBATE
CRÍTICAS E REFUTAÇÕES

4. Perda do controle da taxa de câmbio
   Choques Externos: Taxa de câmbio / Reservas / Política monetária
5. Perda do controle da taxa de juros
6. Perda de controle M^s e Ciclo Econômico
   - As tentativas fracassadas de Rafael Correa
   - Nenhum crescimento
   - Déficit fiscal / Ajuda do FMI
7. Problemas operacionais locais
   - Reservas internacionais baixas
   - Alto déficit fiscal
   - Quebra e hiperinflação

EQUILÍBRIO GERAL DE *STOCKS*

- **2.1 EQUILÍBRIO GERAL DE *STOCKS***
  - Identificação dos agentes
  - Especificação de instrumentos financeiros
  - Balanços dos agentes
  - Equilíbrio geral de *stocks*

- **2.2. DOLARIZAÇÃO / ELIMINAÇÃO DO BCRA**
  - Quantificação
  - Implementação da dolarização
  - Mercado de dívida e taxa de câmbio de conversão

EQUILÍBRIO GERAL DE *STOCKS*
INSTRUMENTOS FINANCEIROS

DEP(G): Depósitos do Governo do Banco Central
BON(G): Títulos de Dívida no Mercado
LIN(G): Letras Intransferíveis do Banco Central
CIR(P): Circulante em Poder do Público
DEP(P): Depósitos Privados nos Bancos
F(P): Participações Privadas em Ativos Financeiros
CRE(P): Empréstimos Tomados no Sistema Financeiro Local
DEF(P): Empréstimos Tomados no Exterior
RIN: Reservas Internacionais Líquidas
CIR(B): Moeda Circulante em Poder dos Bancos / Reservas Obrigatórias
LELIQ (BC): Letras de Liquidez do BCRA

EQUILÍBRIO GERAL DE *STOCKS*: RESTRIÇÕES FINANCEIRAS DOS AGENTES

RESTRIÇÃO FINANCEIRA DO GOVERNO
$$VFG = DEP(G) - BON(G) - LIN(G)$$

RESTRIÇÃO FINANCEIRA DO SETOR PRIVADO
$$VFP = CIR(P) + DEP(P) + BON(G) + F(P) - CRE(P) - DEF(P)$$

RESTRIÇÃO FINANCEIRA RESTO DO MUNDO
$$VFE = BON(G) + DEF(P) - RIN - F(P)$$

EQUILÍBRIO GERAL DE *STOCKS*: RESTRIÇÕES FINANCEIRAS DOS AGENTES

RESTRIÇÃO FINANCEIRA BANCO CENTRAL
$$VFBC = +RIN + LIN(G) - DEP(G) - CIR(P) - CIR(B) - LELIQ(BC)$$

RESTRIÇÃO FINANCEIRA BANCOS PRIVADOS
$$VFB = CIR(B) + LELIQ(BC) + CRE(P) + BON(G) - DEP(P)$$

EQUILÍBRIO GERAL DE *STOCKS*:
LEI DE WALRAS EM *STOCKS*

	G	P	F	BC	B	SUMA
DEP (G)						0
BON (G)						0
LIN (G)						0
CIR (P)						0
DEP (P)						0
F (P)						0
CRE (P)						0
DEF (P)						0
RIN						0
CIR (B)						0
LELIQ (BC)						0
VF (i)	VFG	VFP	VFF	VFBC	VFB	0
K (i)	KG	KP	KF	KBC	KB	K
V (i)	VFG+KG	VFP+KP	VFF+KF	VFBC+KBC	VFB+KB	V

IMPLEMENTAÇÃO

ETAPAS DE IMPLEMENTAÇÃO

1. Transferência do sistema bancário para o Sistema Bancário Simons
2. Sistema Bancário Livre
3. Concorrência de Mercado
4. Eliminação do BCRA / Dolarização

SISTEMA FINANCEIRO IDEAL

1	2	3	4	5	6	7
Moeda fiduciaria.	Moeda fiduciária.	Moeda fiduciária.	Moeda comum tipo fiduciária.	Padrão-ouro com reserva fracionaria.	Padrão-ouro com coeficiente de 100%	Liberdade para escolher a moeda. Ausência de leis de curso legal (Panama hoje).
Taxas de câmbio flexíveis (nacionalismo monetário).	Taxas de câmbio fixas, (mas passiveis de revisão).	Taxas de câmbio fixas.	Blocos Monetários.	Padrão único universal.	Padrão único universal.	Concorrência de moedas. (Proposta de Hayek em 1978).
O banco central possui plena autonomia de política monetaria (Discricionariedade). Política defendida por J.M. Keynes Grande expansão do crédito. Ciclos recorrentes de expansão e depressão, "desvalorizações competitivas".	O banco central se submete a regras de política monetária (modelo de Milton Friedman e a Escola de Chicago). Regra de Taylor.	Se instaura o regime de Caja de Conversión, (o banco central emite moeda local com 100% de lastro em outra moeda de referência ou em ouro). Sistema proposto por Steve Hanke e Kurt Shuler em varios países.	Os respectivos bancos centrais perdem autonomia monetária. (Banco da Espanha hoje, Banco do Equador e de El Salvador). Independencia formal do banco central (BCE).	O banco central perde suas funções monetárias, exceto se o padrão-ouro é suspenso em épocas de crise. (Banco de Inglaterra durante o século XIX). Redução da duração dos ciclos econômicos.	Se elimina o banco central. Ausência de ciclos recorrentes de expansão e recessão. (Transição proposta por Huerta de Solo).	a) Sistema bancario livre sujeito aos principios do direito. Coeficiente de caixa de 100%. (Huerta de Soto, Murray Rothbard, Hoppe, Mises). b) Sistema bancário livre com capacidade para operar com reserva fracionaria (White, Selgin). Grande estabilidade financeira.
Exemplos históricos: Periodo de entreguerras durante o século XX. Desde 1971 até hoje (Exceto Blocos Monetários como o euro).	Exemplos históricos: Acordos de Bretton Woods (1944-1971).	Exemplos historicos: Argentina desde 1991 a 2002. (Domingo Cavallo). Hong Kong e Bulgária na atualidade.	Exemplos históricos: Países que integram a zona do euro. Países dolarizados na América Latina (Equador, El Salvador)	Exemplos historicos: Funcionou durante o século XIX no mundo ocidental. Funciona a Câmara de Compensação Interbancaria (o banco que mais expande o crédito perde reservas antes dos demais).	Exemplos históricos: Não há exemplos históricos.	Exemplos historicos: Não há exemplos históricos de sistema bancário livre com coeficiente de 100%. Na Escócia durante o século XVIII e inicio do século XIX, houve um sistema bancário livre com reserva fracionaria.

A Dolarização na América Latina (Miguel Ángel Echarte Fernandez), p77.

IMPLEMENTAÇÃO

BALANÇO DO GOVERNO FEDERAL

GOB				BCRA			
	DBCRA	65		RIN	3	BM	14
	LI	58		DGOB	65	CIR (P)	9,5
	DN	7		LI	58	ENC	4,5
	DMER	315		DN	7	LELIQ	24
	TD	380		TA	68	TPM	38

CONSOLIDADO			
RIN	3	BM	14
		LELIQ	24
		DMER	315
		TOTAL	353

* Expresso em bilhões

IMPLEMENTAÇÃO

BALANÇO DOS BANCOS

BANCOS USD			
ENC (USD)	11,5	DEP (US)	14,5
CRE (USD)	3		

BANCOS $			
ENC ($)	4,5	DEP ($)	40
LELIQ ($)	24		
CRED ($)	20		
	48,5	PN	8,5

CONSOLIDADO			
ENC ($)	4,5	DEP ($)	40
ENC (USD)	11,5	DEP (USD)	14,5
LELIQ ($)	24	TOT	54,5
CRED ($)	20		
CRED (USD)	3		
TA	63	PN	8,5

* Expresso em bilhões

SISTEMA FINANCEIRO IDEAL
A DOLARIZAÇÃO

DGOB → 65
LELIQS → 24
REST → 41

BM → 14
ORO → 3

REMB → 11

PARIDADE NECESSÁRIA

$$\frac{11}{41} = 0{,}27$$

MERCADO
$P_B = 0{,}23$

$0{,}23 X 41 = 9{,}5$

Δ DÍVIDA   1,5

Acompanhe a LVM Editora nas Redes Sociais

 https://www.facebook.com/LVMeditora/

https://www.instagram.com/lvmeditora/

Esta edição foi preparada pela LVM Editora
com tipografia Baskerville e DINPro.